皇上吃什麼

歷史，是吃出來的，一起享用甄嬛的豬蹄、乾隆的火鍋、如懿的白菜豆腐、令貴妃的荔枝、慈禧的玫瑰餅，和溥儀的香檳

李舒 —— 主編

圖解

皇上吃什麼：歷史，是吃出來的，一起享用甄嬛的豬蹄、乾隆的火鍋、如懿的白菜豆腐、令貴妃的荔枝、慈禧的玫瑰餅，和溥儀的香檳

2019年1月初版　　　　　　　　　　　　　　　　　　　　　　　定價：新臺幣480元
2024年3月初版第十刷
有著作權・翻印必究
Printed in Taiwan.

編		者	李		舒
叢 書 主 編			李	佳	姗
校		對	施	亞	蒨
封 面 設 計			謝	佳	穎

出　版　者　聯經出版事業股份有限公司
地　　　　址　新北市汐止區大同路一段369號1樓
叢書主編電話　(02)86925588轉5320
台北聯經書房　台北市新生南路三段94號
電　　　　話　(02)23620308
郵政劃撥帳戶第0100559-3號
郵　撥　電　話　(02)23620308
印　刷　者　文聯彩色製版印刷有限公司
總　經　銷　聯合發行股份有限公司
發　行　所　新北市新店區寶橋路235巷6弄6號2F
電　　　　話　(02)29178022

副 總 編 輯　陳　逸　華
總　編　輯　涂　豐　恩
總　經　理　陳　芝　宇
社　　　長　羅　國　俊
發　行　人　林　載　爵

行政院新聞局出版事業登記證局版臺業字第0130號

本書如有缺頁，破損，倒裝請寄回台北聯經書房更換。　　ISBN 978-957-08-5243-1 (平裝)
聯經網址 http://www.linkingbooks.com.tw
電子信箱 e-mail:linking@udngroup.com

本書中文繁體版由北京楚塵文化傳媒有限公司授權出版

國家圖書館出版品預行編目資料

皇上吃什麼：歷史，是吃出來的，一起享用甄嬛的豬蹄、乾隆
的火鍋、如懿的白菜豆腐、令貴妃的荔枝、慈禧的玫瑰餅，
和溥儀的香檳/李舒編 . 初版 . 新北市 . 聯經 . 2019年1月（民108年）．
160面 . 21×26.5公分（圖解）
ISBN 978-957-08-5243-1（平裝）
[2024年3月初版第十刷]

1.飲食風格　2.中國

538.782　　　　　　　　　　　　　　　　　　　　　　　107022215

次

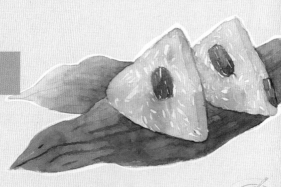

目

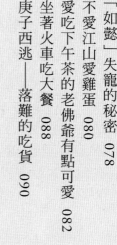

皇上吃什麼？你猜？

李舒

感謝聯經出版公司出版了《皇上吃什麼》繁體版，使得這本書能夠以更有古意的方式和更多讀者見面。

清宮帝后生活，永遠充滿神秘。遙想紫禁城的日常，魯迅先生的笑話最有代表性：

大熱天的正午，一個農婦做事做得正苦，忽而嘆道：「皇后娘娘真不知道多麼快活。這時還不是在床上睡午覺，醒過來的時候，就叫道：『太監，拿個柿餅來！』」

皇后娘娘當然不吃柿餅。

於是，我們只能通過螢幕上越來越多的不靠譜和更不靠譜的清宮影視劇來想像宮廷生活，於是更多的誤會產生了。比如：

其實宮女是不能擮手絹的。

皇上駕到時是從來不喊「皇上駕到」的。

皇上是不可以隨便去妃嬪宮裡吃飯的。

皇上和皇后吃飯，飯菜不是擺在圓桌、方桌或八仙桌，而是有專門的宴，叫「圖思根」。

……

清宮文物專家朱家溍先生曾經為電影《垂簾聽政》、《火燒圓明園》等做顧問，當他向導演提出，劉曉慶扮演的懿貴妃（即後來的慈禧太后）不應該在皇帝面前邊跑邊唱〈豔陽天〉，因為宮裡的嬪妃是不可能知道這些小曲的。不過，導演顯然一笑了之——影視劇作品更關心的是劇情衝突，而為此可以犧牲的東西，實在太多了。

真正的後宮生活，遠比我們想像的無聊。

一日兩餐，吃來吃去都是分例裡的那些東西；皇上要到下午才有空找娘娘們玩耍，玩的也不過是紙牌投壺看戲；五點吃晚點心，之後要禮佛，

沒電視看沒電腦玩，八點就要上床睡覺——並沒有傳說中脫光了被太監扛進寢宮這樣的香豔情節，事實上，侍寢的人選在中午正餐時，就被翻牌決定了。嬪妃們會在寢宮旁邊的圍房暫住，並不能像電視劇裡一樣整晚都陪伴著皇帝——皇帝真正入睡時，只有隨侍太監能留在身邊。

然而，也比我們想像的有趣。

《皇上吃什麼》其實是源自我的這種好奇心而起的。所以，我和我的團隊各小夥伴們用了大半年時間，幾乎是蹲守在紫禁城和歷史檔案館裡，和故紙堆打交道。當我們發現乾隆皇帝在晚飯後命令內侍們數一數樹上的荔枝時，大家不僅哈哈大笑；當我們透過皇帝的賜膳來判斷那拉皇后失寵的原因時，我覺得自己化身福爾摩斯，在幾百年前江南的御舟中，冷冷看「如懿」最戲劇化的一幕；我們也企圖還原讓慈禧太后一吃再吃的蜜餞，復原雍正「四爺」的酒杯（當然失敗了）……這半年裡，這樣的實驗有很多很多。我們嘗到了宮裡配方做出的酸梅湯、普洱茶，好看卻並沒有那麼好吃的蘋果饅頭，還有宮廷煙燻雞腿……我們也翻閱了大量膳底單和造辦處檔案，希望能夠接近、更接近一點歷史的真實，畢竟，我們不希望大家真的認為，清宮裡的娘娘們，動不動就被人灌了夾竹桃做的點心或摻了芭蕉的糕點而滑胎。皇帝也不可能今天到這個妃子這裡喝豆漿，明天去那個娘娘那裡吃藕粉桂花糖糕，皇上總是一個人吃飯。

值得一提的是，在《皇上吃什麼》的後半部分，我們附上了一份和想像不太一樣的宮廷食譜，這份食譜來自愛新覺羅·浩，就是大家熟悉的嵯峨浩，她的丈夫是末代皇帝

溥儀的弟弟溥傑，我是在東京神保町書店街裡無意中發現這本《食在宮廷》的。

嵯峨浩和溥傑的婚姻曾被認為是一場陰謀，但嵯峨浩確實決心做一個好妻子，她仔細觀察偽滿洲宮廷裡的廚房飲食，向皇后的母親學習宮廷飲食習俗，向當時的御廚常榮氏學習各種菜點的製作：攤黃菜是炒製的；糖蓮子、白扁豆、百合是蒸熟的；薩其瑪、豌豆黃、三色糕等從民間傳入御膳房的糕點，在原料選擇和製作方法上有了改進……她把自己所見所聞所學，一一作了筆記。正是在此基礎上，嵯峨浩才寫出了這本清代中國宮廷飲食專著，雖然是日本人，但她的食譜，也許最為接近清末宮廷菜餚的原本。在簡體版出版之後，我們收到了大量讀者根據嵯峨浩的版本復原的「清宮菜」，大家都說，沒想到自己家裡也可以做出宮裡的菜餚，體面又美味。

也許，這才是我們理想中的「皇上吃什麼」——舊時王謝堂前燕，飛入尋常百姓家。

李舒

《Lucky Peach 福桃》美食雜誌主編

從路邊攤到米其林大餐，從家常便飯到饕餮盛宴，李舒與其團隊共同經營的線上美食平台「福桃九分飽」，專注於最接地氣的美食報導，開創獨樹一幟的野路子。歡迎上網關注，讓你的食物變得更有態度！

苑洪琪

北京故宮宮廷學研究專家，一九七六年畢業於天津南開大學歷史系，同年分發到北京故宮博物院，一九九八年被任命為宮廷部副主任。主要從事明清宮廷歷史研究、宮廷文物的陳列和研究，並提出了清代宮廷飲食的研究課題，對宮廷飲食、帝王養生等有系統的探討，著有《中國的宮廷飲食》、《紫禁城皇家生活全景》等書。

在閱讀本書之前，我們邀請北京故宮宮廷生活研究學者苑洪琪老師，為大家設計了幾個關於清宮吃喝的小測試，準備好了嗎？

注意：（每題 1 分）

滿分	你無須往下讀
10-14 分	我覺得你需要此書
0-5 分	這是一本帶給你人生轉折的書

一、選擇題（單選題）

1. 皇帝一天吃幾頓飯？
A. 一頓 B. 兩頓 C. 三頓 D. 想吃幾頓吃幾頓

2. 大清朝的美食達人是哪位皇帝？
A. 康熙 B. 雍正 C. 乾隆 D. 道光 E. 宣統

3. 皇帝有好吃的，會叫上喜歡的妃子一起吃嗎？
A. 可以 B. 不可以 C. 皇帝想幹嘛就幹嘛

4. 請問要毒死一個皇帝，以下哪種方法是可行的？
A. 買菜的時候下毒
B. 假扮御廚在菜裡下毒
C. 假扮傳膳太監在路上下毒
D. 以上答案都不對

5. 慈禧太后吃到哪種食物的時候痛哭流涕？
A. 窩頭 B. 鴨子 C. 雞蛋 D. 玫瑰餅

6. 甄嬛的最愛是什麼？
A. 沈眉莊同款桂花糕 B. 淳貴人同款豬蹄
C. 敬妃同款燕窩 D. 皇上同款荔枝

7. 皇帝可以點外賣嗎？
A. 可以 B. 不可以 C. 當時根本沒有外賣

8. 御廚會做多少道菜？
A. 一道 B. 十道
C. 二十道 D. 御廚什麼菜都會做

9. 宮裡過節吃什麼餡的餃子？
A. 豬肉韭菜餡 B. 素餡
C. 海參鮑魚餡 D. 傻狍子等野味餡

10. 大清朝哪位皇帝是雞蛋的腦殘粉？
A. 道光 B. 咸豐 C. 同治 D. 光緒

二、判斷題（如正確用 ∨ 表示，錯誤用 × 表示）

1. 御廚們都是太監。
2. 嬪妃們不用吃大鍋飯，能各自在宮裡偷偷開小灶。
3. 宮裡有早點攤，大臣們上朝之前可以吃早點。
4. 雍正皇帝清心寡欲，根本不喝酒。
5. 宮裡只有一個廚房，叫御膳房。

想知道答案？那就翻開下一頁吧！

鵲橋碗

丹桂玉兔紋碗

丹桂飄香碗

吃吃的四季

宮裡的時間似乎特別慢，守著一大堆的規矩，每天都過得一樣。好在有節日，好在還有吃的樂趣。枯燥乏味的宮廷生活，在春餅、巧果、花糕、秋葉麵的包圍中多了些小確幸。

◆ 福肉 ◆

「吃福肉」是清初皇家年俗，福肉要選全黑色的豬，祭祀儀式後將豬肉切成大塊用清水煮，煮熟後會分給眾人，寓意把上天賜予的福分均分給大家。但吃福肉就是苦差事了，畢竟不加一點作料的豬肉當真嚥不下。

◆ 春餅 ◆

每到立春前一日，乾隆帝就會心急地命御膳房做「餑餑、點心和春餅」。心急不是沒有道理的，清宮的春餅絕對是春餅界的頂級，一道以十七種東北動植物為原料的「滿族合菜」，足以秒殺如今所有的春餅配料。

◆ 元宵 ◆

元宵又名「浮圓子」、「圓子」，吃元宵是元宵節宮裡宮外共有的飲食習俗。元宵節這天帝后、嬪妃在晚膳中都要食用元宵，但是要說最有名的宮廷元宵，還得數康熙年間，御膳房特製的「八寶元宵」。

◆ 榆錢餅 ◆

榆錢即榆樹的果實，摘榆錢一定要趁鮮嫩飽滿的時候，賞味期限只有兩三天。榆錢餅是後宮主子們的心頭好，清代后妃每到春季，總要食幾餐榆錢糕或榆錢餅。吃到嘴裡甜甜的，大概也可以解點獨守空房的苦。

◆ 餃子 ◆

餃子註定是北方節日飲食裡的主角，凡傳統節日都有吃水餃的習俗。每年剛進四月，乾隆帝就親下諭旨：「四月初七日起，后妃止葷添素。」這一天所有肉餡餃子都要退居二線，只有素餡餃子被作為一種祭品祭奠佛祖。

◆ 粽子 ◆

清宮粽子雛形是一種叫作「椴木餑餑」的食物，隨著滿漢人民的食物交流深入，粽子才在宮內打開市場。粽子進宮後可不得了，品種就有棗粽、果粽、澄沙粽、奶子粽等。端午節期間，乾隆桌上就要擺粽子一千餘個。

不時不食

文＝王琳｜插畫＝咕嘟、李洋（根據苑洪琪老師採訪整理）

立秋

◆ 秋葉麵 ◆

秋葉麵其實就是我們熟知的麵片兒湯，從平民到皇帝都是它的腦粉。一日，道光帝想吃麵片兒湯，但御膳房回說：「那得新蓋一間廚房，需要數千兩銀。」最後，這位以勤儉著名的道光帝到底沒捨得花費數千兩銀。

七夕

◆ 巧果 ◆

七夕是古代婦女的「乞巧」節，所有女性同胞都想借牛郎織女鵲橋相會向織女乞求一雙巧手。這天，清宮內會在御花園用巧果設供案，祭牛郎織女。巧果是七夕節麵食的總稱，外形不夠「巧」的巧果可不好意思拿出手。

中秋

◆ 月餅 ◆

中秋節在清宮裡是僅次於元旦的節日，除了祭月、拜月，最令大家牽腸掛肚的還是清宮內的月餅。香油酥皮月餅、豬油月餅，還有加奶油的奶酥油月餅，餡料從甜到鹹，各種口味任君挑選。

重陽

◆ 花糕 ◆

花糕是重陽節的傳統食物，在宮內由御茶膳房負責製作。帝、后、妃嬪們不僅在宮內吃得一絲不苟，在宮外也不耽誤，甚至在圍獵期間都會命果報（送果食的驛使）每三日送一次花糕，出巡在外，花糕也不能停。

冬至

◆ 餛飩 ◆

冬至這天，餛飩終於從餃子長期制霸的陰影中逃出，其實初期餃子也是連湯食用。清宮裡的餛飩可不是皮厚的大餡餛飩，而是名喚素紗餛飩，只聽名字便可想像樣子，煮出來能透過皮看到餡，一口咬下去，又香又滑。

臘八

◆ 臘八粥 ◆

清朝的臘八粥不能在宮內製作，必須在雍和宮熬煮。精心挑選的原料和兩口直徑 2 公尺、深 1.5 公尺的大銅鍋一起送到雍和宮，由經過層層選拔和專門訓練的廚役進行熬煮，想想場面，大概可以申請金氏世界紀錄。

過節啦

清宮的節令定制隆重繁複，與祭祀、宗教、四季交替有密不可分的關聯。這些典制大大地影響了清朝民間生活和當今的節日習俗。 文＝蔣小娟、王琳｜插畫＝李洋

四月初八 浴佛節

烏飯

四月初八，佛誕日，浴佛的習俗始於東漢，但在清代格外受重視。每年四月初八不僅要浴佛、祭祀，而且有禁屠宰、寺院撒豆結緣、做烏飯相饋送等飲食習俗。

清宮在浴佛節這一天按規矩吃素。每年一進四月，乾隆皇帝就會下諭旨：四月初七起，「后妃人等，止葷添素」。素食由御膳房下的素局預備。除了茹素，還要吃「結緣豆」。清代富察敦崇所著《燕京歲時記》載：「四月八日，都人之好善者，取青黃豆數升，宣佛號而拈之。拈畢煮熟，散之市人，謂之舍緣豆。預結來世緣也。」清宮在這天也要煮 10,000 粒結緣豆，分別是青豆 3,333 粒、黃豆 3,333 粒、茶豆（扁豆）3,334 粒。煮熟後撒上鹽，帝后各自分得青豆 333 粒、黃豆 333 粒、茶豆 334 粒，其他妃嬪則各有賞賜。帝后在食結緣豆時，還要佐以醬胡蘿蔔、藕、豆腐乾、王（黃）瓜、薑、櫻桃等食物。

《清稗類鈔》記述了有關「結緣豆」的一則趣聞：光緒年間，慈禧太后計畫於四月初九在寧壽宮接見駐京各國使節的家眷。外務部侍郎聯芳被指派為翻譯。他提前一天入宮查看布置是否合禮儀。那一天正好是浴佛節，慈禧太后正與諸宮女作投瓊之戲（一種遊戲，類似擲骰子），「大啖緣豆」。聯芳從宮外經過，依規矩低著頭快走。慈禧太后遠遠地看見了，大聲呼其名。聯芳大吃一驚，趕緊行上前，誰料老佛爺賜了他一小碟結緣豆，聯芳趕緊跪下吃了這碟結緣豆，叩頭謝恩。

五月初五

端午節

蘆葦葉

相比現代人端午節只吃個粽子，清朝的端午節習俗還是很「周全」的。據乾隆朝《穿戴檔》記載，乾隆皇帝規定「每年五月初一日起掛五毒荷包」。當時人們還認為虎食五毒，可以驅邪避災，所以慈禧太后在端午日也會令宮眷穿戴虎形裝飾。除了服裝，沿襲至今的端午節賽龍舟也是清朝端午節的傳統項目，清代宮廷一般在西苑或圓明園舉行賽龍舟，屆時皇帝會親臨觀看。賽完龍舟，皇帝有時也會去戲樓看戲，劇碼的主要內容為天師除毒、屈原成仙、採藥伏魔等與端午相關題材。

回到吃，入關之前，滿族的端午節是不吃粽子的，而是食用一種叫作椴木餑餑的食物，並且還用來祭神。這種食物用椴木葉包黏高粱米與小豆泥，放入蒸籠蒸熟，有椴葉的清香。椴木餑餑其實跟糯米粽子很相似，只因所用原料受地域限制，才出現了黏高粱米與糯米，椴木葉與葦葉的區別。清朝入關以後，坤寧宮五月祭神依舊追隨椴木餑餑，而皇帝則在端午節入鄉隨俗吃粽子。

清宮的端午節真的是名副其實的「粽子節」。據乾隆朝《御茶膳房》檔案記載，清宮自五月初一起，宮內帝、后、妃、嬪的膳桌上就開始擺粽子和粽方。攢盤粽子每一品 18 個，每粽方為 200 個粽子。到初五端陽節這一天，宮內用粽子更是達到高潮。據記載，御茶膳房為製粽子，共用糯米 1373 斤 9 兩，白糖 577 斤，奶油 94 斤，香油 63 斤 6 兩，澄沙 28 斤 8 兩，蜂蜜 33 斤 4 兩，核桃仁 435 斤 11 兩，曬乾棗 17 斤 8 兩，松仁 8 斤 7 兩，栗子 12 斤，黑葡萄 8 斤 2 兩。僅包粽子用的細麻繩就達 18 斤，估計包粽子的人心裡都留下了粽子陰影。

七夕節

七月初七

在清朝，農曆七月初七是婦女的「乞巧」節。所謂乞巧是指藉牛郎織女鵲橋相會的時刻向織女「乞巧」，乞求能有一雙像織女一樣靈巧的手。這一天，她們會將親手製作的刺繡、針線及蒸食、雕刻的果瓜等供奉於桌上，完全不是現今大家臆想的「中國情人節」。

作為廣大婦女朋友的一員，清宮裡的妃子雖然不用幹什麼粗活，但是為了給皇帝留下好印象，難免要準備些小禮物，諸如荷包、香囊，所以乞巧節這天更是不能懈怠。乞巧節這天清宮會在御花園內設供案祭牛郎織女，供案上擺設著具有滿族特色的鹿肉、醃肉、鮮菜（七樣：芹菜、香菜、春不老、黃瓜、冰茄子、豇豆角、扁豆角）和傳統的巧果。到了晚上，后妃及宮女們紛紛對著供案虔誠祭拜，祈望織女傳授女紅的天工之巧。

清宮廷製作的巧果當然要比宮外尋常人家的講究多了，首先在命名上就十分吉祥。據清宮《御茶膳房》檔案中記載，乾隆年間製出的巧果式樣有採芝花籃、太平寶錢、吉祥仙糕、仙葩笊籬、寶塔獻瑞、如意雲果、萬年洪福 7 個品種，取七夕之意。檔案中還記載了製作巧果所用的原料，即每 7 種巧果（一盒）用「麵粉十斤，江米麵二斤，白糖三斤，香油四斤，黃米麵八兩，芝麻八合，梅桔三兩，青豆三兩，紅豆三兩，澄沙一斤，紅棗六兩，綠豆三兩，紅花水二錢，紅棉紙五張，藍靛二錢」。其中麵粉、江米麵、白糖、香油、澄沙、紅棗是製作巧果的基本原料，其餘均用於點綴。紅豆做魚眼，黃米麵做花朵，紅棗做花心，再用紅棉紙、紅花水、藍靛等染色。將不同顏色的麵類、豆類協調搭配，簡直是一場巧果選美大賽！

中秋節

八月十五

荷花西瓜

中國民間素有「男不拜月，女不祭灶」的傳統，但在清朝宮廷，中秋這一日皇帝要親自祭月。按清宮節令定制「仲秋之望（八月十五）月祭」，由皇帝拈香行禮，禮畢，奏請皇后及其他妃嬪行禮。最後由皇帝送燎（焚化祭品）還宮。清宮檔案記載了乾隆四十一年（1776）的祭月：

八月十五日酉初，在蓮花套大營西洋房東院內，坐西北、向東南設擺月光花插一個，挨插屏前，擺條桌兩張，一字擺著。用黃緞桌套一個。安畢，茶膳房遂擺供一桌，十九品，擺三路。從懷裡往外擺。「月光碼」兩邊，供子母藕一對（用斑竹竿，上捆鮮花。捆在「月光碼」插屏架上）。供桌後桌邊上供黃豆兩把（高一尺五寸，挨著「月光碼」供）。頭一路（供桌後桌邊）中間設斗一個，上供大月餅一個（重十斤，彩畫圓光）。斗左邊鮮果三品，西瓜一

品。右邊鮮果三品，西瓜一品。二路，中間設檀香爐一個，左邊茶三盅，西瓜一品。右邊酒三盅，西瓜一品。三路，香爐前，中間設檀香爐一個，爐左邊，月餅一品二個（每個重三斤），蠟台一個。

「月光碼」即是太陰星君，作為主供的彩畫圓光大月餅（重十斤），並不能在中秋節吃，而是要陰乾儲存，待到除夕夜吃團圓飯的時候分吃。

還有不用於祭祀的家常月餅自來紅與自來白：自來紅用素油，以糖為餡兒，其中夾雜冰糖塊、瓜子仁、青紅絲，麵皮上畫了一個朱紅色的圓圈。自來白月餅用的則是白油（豬油），山楂、棗泥餡兒的居多。此外宮裡還備有「敖爾布哈」，一種奶皮月餅，可見滿蒙遊牧民族飲食文化的影子。

菊花酒

重陽節

九月初九

重陽節吃重陽花糕，不過清宮的重陽花糕可是從九月初一開始，一直吃到九月初九（重陽節）的晚膳。這一點，清代沿循了明朝的宮廷節令定制，據明代劉若愚的《酌中志》所寫，明代宮廷「九月初一起開始吃花糕，重陽節吃迎霜麻辣兔，飲菊花酒」（吃迎霜麻辣兔的漢族習俗在清代民間仍有保留，但宮廷內卻已不再遵循）。北京故宮宮廷部專家苑洪琪在《中國的宮廷飲食》裡記錄：「自九月初一起，宮中御茶膳房就開始準備做花糕的原料：糯米、黏黃米、粳米，要精心挑選，磨成麵粉，再將輔料，紅棗、核桃、松子、瓜子去皮去核，蘋果脯、山楂脯、青梅、瓜條等蜜餞果脯切成碎塊。熬蜂蜜，煉奶油、豬油……九月初二日起就開始使用不同熟製辦法製出黏花糕、爐花糕、蒸花糕、奶子花糕。每日由皇帝分賜宮內妃嬪及大臣們食用，直到九月九日晚膳為止。」

即使皇帝不在宮中，比如去木蘭圍場行獵，住在大帳之中，御膳房依然每隔三日派果報（送果食的驛使）送花糕一次。

菊花在仙道方家眼中是「延壽客」、不老草。重陽節又是老人節，所以這一日要賞菊，飲菊花酒。菊花酒用菊花雜和黍米釀成，「菊花舒時，並採莖葉，雜黍米釀之，至來年九月九日始熟就飲焉，故謂之菊花酒」。九日所釀的菊花酒被視為延年益壽的長命酒。康熙與乾隆二帝經常在承德避暑山莊過重陽節，登高、賞菊、飲菊花酒。暢飲的乾隆皇帝還要大寫御製詩，「指日重陽到，黃花開繞欄」。

清代民間的重陽節又叫女兒節，是出嫁的女兒回家探望父母的日子。清代潘榮陛《帝京歲時紀勝》就記載：「京師重陽節花糕極盛……市人爭買，供家堂，饋親友……有女之家，饋遺酒禮，歸寧父母，又為女兒節云。」

臘八節

臘月初八

臘八粥

「送信的臘八粥，要命的關東糖」，這句北京諺語說的是吃了臘八粥，就該準備過年還賒清欠了；吃了關東糖（臘月二十三祭灶），債主就要上門討債了。臘八節除了提醒新年的到來，它本身也是一個佛教節日，是釋迦牟尼佛成道日。臘八粥原是寺院僧侶在佛祖成道日熬粥供佛，並進行佈施，名為「七寶五味粥」。

雍正皇帝繼位後，原本居住的雍王府闢為藏傳佛教寺院雍和宮。自乾隆朝開始，雍和宮就成了清宮指定的臘八粥熬製場所。《光緒順天府志》中說：「臘八粥，一名『八寶粥』。每歲臘月八日，雍和宮熬粥，定製，派大臣監視，蓋供上膳焉。」當時宮廷臘八粥的原料有糯米、黃米、小米、赤白二豆、黃豆、芸豆、三仁（桃仁、榛仁、瓜子仁）、飴糖等，並備有栗子、蓮子、桂圓、百合、蜜棗、青梅、芡實等果料。這些粥料，連同乾柴與兩口大銅鍋在臘月初五前運到雍和宮。初六皇帝派大臣和內務府總管率員來到雍和宮，監督稱糧，放果料，準備煮粥。初七開始生火，直到初八凌晨臘八粥熬成。據記載，熬粥的銅鍋為最大號，口徑 2 公尺，深 1.5 公尺。這麼巨大的一口鍋，熬粥需要極大力氣，廚役都是挑選身強力壯者，受過專門訓練。

每年臘八節這日，熬粥的場面很是壯觀，除了熬粥的廚役，還有圍著銅鍋念經的喇嘛。按典制，第一鍋臘八粥熬成後，由送粥太監火速送往太廟、宮內各廟宇佛堂，供奉祖先與神佛。第二鍋則送到皇帝與皇后處，由皇帝分賞給妃嬪、皇子們。第三鍋粥，則由監視熬粥的大臣和雍和宮大喇嘛按諭旨分給在京的親王、各寺僧侶。

雍和宮的臘八粥一共熬六鍋：前三鍋裡有奶油和全份果料，後三鍋則無奶油，果料也遞減。第六鍋粥要佈施給京城百姓，如今雍和宮仍然保留了施粥的傳統。

從乾隆到張愛玲，穿越幾百年的「黏黏轉」

張愛玲的鄉愁「黏黏轉」，語焉不詳、撲朔迷離。只知道它是青麥所製，關於做法有很多猜測，最後倒是在乾隆爺這兒找到了答案。文＝李舒　插畫＝咕嘟

1988 年，遠在洛杉磯的張愛玲已經和跳蚤進行了長達五年的鬥爭，在這五年裡，她不停地在各個汽車旅館中穿梭，為了躲避跳蚤，她穿一次性的拖鞋，連衣服都是一次性的，甚至不惜扔掉自己的寶貴文件。直到 1988 年二月，她見了朋友推薦的皮膚科醫生後，一切真相大白：「診出是皮膚特殊敏感。大概 fleas（跳蚤）兩三年前就沒有了。」

情緒穩定之後，漸漸湧上心頭的是鄉愁，思鄉的典型表現，是想念家鄉的吃食。1991 年，她讀了汪曾祺寫的小說《八千歲》，恍然大悟，戰時吃的「炒」爐餅，其實是草爐餅，那種「乾敷敷地吃不出什麼來」的草爐餅，也引起她那麼多的感慨。作為替代品，她極力在超市裡尋找當地華人做的蔥油餅，這是她從前和姑姑最喜歡吃的早飯。台灣那位撿了張愛玲垃圾的女記者說，垃圾裡有「幾只印了店招的紙袋子。有一種劉記蔥油餅標明了使用蔬菜油加蔥花（素油），橙色油漬透的紙片，用黑鋼筆冶水寫了蔥油餅，一塊九毛五，是老鄉的招呼，兩張餅盛在一只淺黃保麗龍托盤，她現在一定已經強迫自己戒食綠豆糯糍，南棗核桃糕……改吃一點兒蔥油餅，極端的柔豔更形柔豔，在最後一點吃的自由上，極勉力與自己的牙齒妥協，真正的委屈求全」。

其實不必翻垃圾，從張愛玲自己寫的晚年長文〈談吃與畫餅充飢〉中便可見一斑。在這許多對美食的臆想中，有一種叫「黏黏轉」，「是從前田上來人帶來的青色麥粒，還沒熟。我太五穀不分，無法想像……我姑姑的話根本沒聽清楚，只聽見下在一鍋滾水，滿鍋的小綠點圈圈急轉——因此叫『黏黏（拈拈？年年？）轉』，吃起來有一股清香。」

這種神奇的食物是什麼？我猜了很久，總是猜不出來，還專門託人買過一回青麥回來煮，結果根本沒有什麼「圈圈急轉」，只有一鍋半糊不糊的湯，煮過的青麥也並不好吃。直到有一日，和北京故宮宮廷部的老專家苑洪琪老師聊起，她一語點醒夢中人：「所謂黏黏轉，就是碾轉，乾隆皇帝也吃過！」

天哪！穿越幾百年，同一樣食物，忽然在一位偉大的皇帝身上找到了答案。

原來，大麥區的貧農們，在青黃不接的時候，大多已經絕糧，只好忍痛把尚未成熟的麥穗，摘下一些來救急，製為「碾轉」，這當然是一種無奈的奢侈，算是寅吃卯糧。「碾轉」的做法，是把青嫩的麥粒以碾石滾壓，飽滿的澱粉汁與嫩綠的高纖維，被滾壓成一綹一綹綠色的小「螺絲轉兒」，故稱「碾轉」。

乾隆皇帝曾經專門為「碾轉」寫了一首詩，看上去更像是對這個食物的完美解釋。題目就叫「碾鑽」。

麥有大小株，實皆為一類。
大者常無熟，亦賴雨暘遂。
去冬雪澤稀，望雨過春季。
將謂麥全無，安望餅堪餌。
閏月遲節候，夏首沾天賜。
旋轉豈人力，芃芃隴回翠。
風翻萬頃波，晴飽千針穗。
猶可半收穫，喜出吾所意。
大官供碾鑽，雕盤聊一試。
縱遜玉食腴，愛此田家味。

苑老師介紹，乾隆皇帝作這首詩，是在乾隆三十年（1765）四月十日。當時他南巡江南，回京時經過山東夾馬營。當地官員送了新麥做的「碾轉」來，乾隆嘗過之後，大為歡欣，稱讚「縱遜玉食腴，愛此田家味」。

乾隆皇帝對於民間的農家食物，一直有獨特的好感。每年春季榆樹發芽的時候，清宮要食榆錢餑餑、榆錢糕、榆錢餅。乾隆不僅自己吃，還將此供奉神祖，「宮內、圓明園等處佛堂供榆錢餑餑、榆錢糕」。宮內御膳房做的榆錢餑餑分送后妃、皇子們，還賞給王公大臣們品嘗。初夏食碾轉，端陽節食粽子，重陽節食花糕。你很難想像，這位看起來品位不高的皇帝，其實比他的父輩們更熱愛這片土地：黃瓜蘸麵醬、炒鮮豌豆、蒜茄子、攤瓠榻子、春不

脫殼

去除麥芒和麥殼兒，脫粒去除雜質

炒拌

倒入鍋內文火慢慢翻炒，火候一定要把握好，炒老了有煙火味，炒嫩了有生味兒

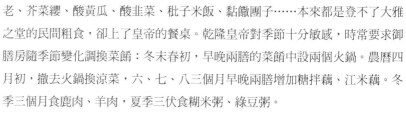

去雜質

將炒好的麥粒進行去皮處理，用風扇去除雜質，留麥芯

老、芥菜纓、酸黃瓜、酸韭菜、枇子米飯、黏饊團子……本來都是登不了大雅之堂的民間粗食，卻上了皇帝的餐桌。乾隆皇帝對季節十分敏感，時常要求御膳房隨季節變化調換菜餚：冬末春初，早晚兩膳的菜餚中設兩個火鍋。農曆四月初，撤去火鍋換涼菜，六、七、八三個月早晚兩膳增加糖拌藕、江米藕。冬季三個月食鹿肉、羊肉，夏季三伏食糊米粥、綠豆粥。

苑老師介紹，乾隆皇帝吃碾轉，也許另有一層含義，為了體察百姓疾苦。這個習慣一直到嘉慶年間依然延續，嘉慶十九年（1814）進士、翰林院編修吳振棫在他的《養吉齋叢錄》裡面提到：「碾鑽、榆錢餅，北方民間常食之。宮中亦每以進供。乾隆間，有御製詩。」

乾隆皇帝並不是第一個品嘗碾轉的皇帝，明朝著名宮中吃喝指南《酌中志》裡亦有此物，寫作「稔轉」：「四月初四日，宮眷內臣換穿紗衣。欽賜京官扇柄。牡丹盛後，即設席賞芍藥花也。是月也，嘗櫻桃，以為此歲諸果新味之始。……二十八日，藥王廟進香。吃白酒、冰水酪，取新麥穗煮熟，剁去芒殼，磨成細條食之，名曰『稔轉』，以嘗此歲五穀新味之始也。」這裡稔轉的吃法和碾轉是一致的，都是把麥穗磨成細條，由此可見，宮中吃碾轉是固有的習俗。

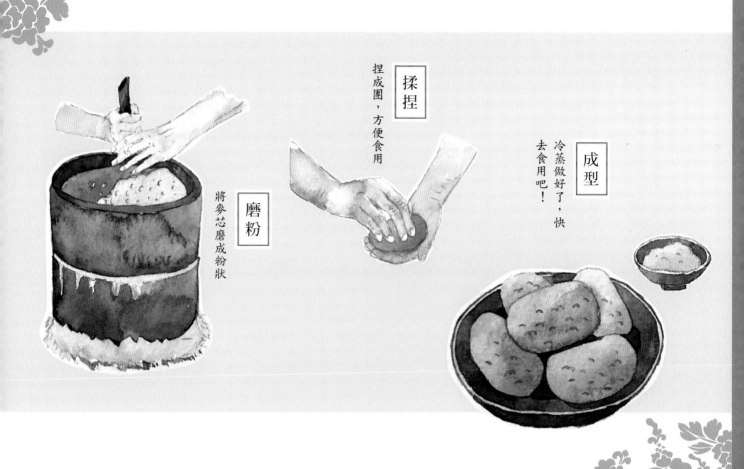

揉捏
捏成團，方便食用

磨粉
將麥芯磨成粉狀

成型
冷蒸做好了，快去食用吧！

我的家鄉南通雖非北地，亦有此物，名喚冷蒸。冷蒸，又名麥蠶，麥穗初熟，捋下穗頭，去掉麥芒麥殼，篩簸乾淨，然後將青麥粒放入鐵鍋中用文火翻炒，麥粒青轉黃時起鍋，趁熱上石磨碾成細條狀即可。

冷蒸上市，只有十天，麥子一黃，就再也看不到。一般吃冷蒸，總在四月到五月之間。在南通城的街頭巷尾，總能看到有人挎著一個小小的竹籃，上面用涼蔭蔭的毛巾覆蓋著，輕輕地揭開，露出一籃子翠油油的綠色。媽媽拉著我看到，忽然驚呼：「冷蒸！」一定要買回來給我嘗一嘗。籃子裡的冷蒸是一小條一小條的，賣的人會捏拌上白糖，像做粢飯團那樣，捏成一個團，遞給你。

如皋有一句俗語：「鄉下人吃不到熱燒餅，街上人吃不到熱冷蒸。」我從來沒吃過熱冷蒸，苑老師說，北方人民的碾轉，倒是加熱後吃的。在我的印象裡，冷蒸最大的特色，是撲面而來的一股清香，像抹茶，有點幽冷的那種。但吃到嘴裡，口感卻是實韌，微微苦澀，回味無窮。我對這東西很是著迷，到北京之後，還數次和媽媽說起。我家如皋親戚說，其實冷吃是城裡人的嘗鮮吃法，在鄉下，冷蒸的吃法很多，可煮粥，可韭菜爆炒，還可以加韭菜末、生薑末做成冷蒸餅，烙成金黃色，頗有風味。而河北、山東一帶，則把碾轉蒸熟之後，以蒜汁兒調味，想來應該亦是美味。

張愛玲出身城市，一日也不曾下過田，所以把碾轉臆想成並不存在的黏黏轉，這一點，她確實比不了遠在深宮的弘曆。

紫禁城裡的粽子，甜黨贏還是鹹黨勝？

文＝李舒　插畫＝TIUGIN

紫禁城的端午節，其實遠遠不是吃粽子那麼簡單。不過，紫禁城裡的粽子，卻依舊值得說道。畢竟，第一個奶黃餡料粽子，誕生在紫禁城。粽子的金氏世界紀錄，大概也誕生在紫禁城。

一直到宣統年間，清宮一直是甜粽黨的天下。

這當然是因為鹹粽子是南方產物，只有住在江南的袁枚，才吃過火腿粽子：「洪府製粽，取頂高糯米，撿其完善長白者，去共半顆散碎者，淘之極熟，用大箬葉裹之，中放好火腿一大塊，封鍋悶煨一日一夜，柴薪不斷。」(《隨園食單》)袁枚寫做飯，總是容易誇張，個個菜都像《紅樓夢》裡的茄鯗，要是粽子要燒「一日一夜」，早就燒化了。我有一日熱粽子，多熱了幾分鐘，已經軟趴趴的，進了太多水蒸氣，無甚況味。

宮裡的粽子是糖粽子，用江米或者白米來製作，式樣和外面的也差不多，但需求量很大。每年剛剛過完年，就要做好規劃，需要做多少粽子，需用多少米和粽葉，都要提前上報，之後到內務府造辦處領取。宮裡包粽子的廚役有限，每年節前還需要臨時調入許多幫廚，日夜不停包煮。粽子的外形到粽餡，每年都要翻出花樣，還需要逐級上報，直到皇帝滿意為止。一到五月初一，粽子就成了宮裡的主角，《宮女談往錄》裡，那「閒坐說玄宗」的老宮女略帶激動地說，有「各種餡、各種形式——方的、尖的、抓髻式——的粽子」。

到了端午那一天，宮裡到底要吃多少個粽子呢？說出來嚇死你，據乾隆十八年（1753）端午節的膳單所載，乾隆帝的膳桌上擺粽子1276個，皇后的膳桌上擺粽子400個，其他重要皇室成員的膳桌上共擺粽子650個——也就是說，僅僅是擺著看的粽子，就要兩千多個！

這些粽子除了上粽子供、設粽席，皇帝還要賞賜文武大臣，連太監宮女也能分到一個。唐魯孫先生是珍妃的堂姪孫，自幼出入宮廷，他在《清宮過端陽》中提及曾經吃到江米小棗粽和白粽子，看上去沒什麼兩樣，「但是宮中有一種玫瑰滷、一種桂花滷拿來蘸粽子吃，蜜漬柔紅，玉靈芳香」。另外，還有一種奶心粽子，是滿族特色，大約是加了奶酪或是奶油，聽起來頗為誘人，這大概是人氣「奶黃」餡的師祖。

宣統未出宮之前，鹹粽子終於得到機會進入了宮廷。浙江遺老進呈50枚火腿鮮肉湖氏粽子給端康皇太妃、同治的瑜太妃分食後甚覺好，傳諭御膳房，每年包些湖式肉粽換換口味——可惜這樣的日子也沒有幾年，端康皇太妃便去世了。

再過幾年，連御膳房也沒有了。

清宮除夕肉食大會

即便是「食不厭精，膾不厭細」的宮裡，在過春節時也是橫（四聲）菜橫行。看來，不管是民間還是皇宮，大魚大肉才是過年。文＝路大堂｜插畫＝TIUGIN

我讀大學的時候，有一個朋友在澳門讀大學，他說在澳門讀書有很多假期，中國陰曆的假也放，澳門的假也放，媽祖的生日也放假，更不要說西方宗教裡的各種節，聖誕節——放假，聖母升天節——放假。

「那不是很高興？」

「超級高興的。」

印象裡的清朝宮廷是既森嚴又肅殺的，但看資料發現，宮裡的生活其實挺熱鬧。按節氣，有新年、上元、重陽、七夕、中秋、冬至、立春等。按皇家自身的情況，有皇帝的萬壽節、皇考的忌辰、太后的生日、皇后的生日等。再加上滿族接受漢族的文化和藏傳佛教，儒家、佛家的節日都過，還有民間神靈，所以關帝的生日、佛誕、宗喀巴大師的誕生日、孔子的誕辰都有宴席和祭祀。

滿族從關外帶來的薩滿教更是講究祭祀，紫禁城裡有「堂子」，除夕第二天就是元旦祭，從皇太極的時候就規定下來的。坤寧宮也是一個祭祀場所，元旦、春秋都是大祭。要遇到皇室婚禮或者喪禮，都還要大擺宴席和唱戲。坤寧宮祭祀，每次都要殺兩頭純黑的豬祭神，宮裡有兩口大鍋，一鍋煮豬肉，一鍋蒸打糕。平時祭神的肉都分給乾清門的侍衛們，在地上鋪個毯子，拿手撕著吃。元旦祭的時候，坤寧宮和玉河邊上的「堂子」要舉行大祭，一般參加的人都是皇親貴戚，祭祀的過程非常複雜難解，豬血用來灌血腸，切好煮完的豬還要先拼回完整的樣子，據說是跟滿族祖先的肇始神話有關係，而且煮好的豬肉不能出殿門，是等皇上皇后吃完之後，讓參加祭典的人進門食用。寒冬臘月，人群等在殿外，聞著這煮好的肉香，肚子咕咕叫的聲音一定是響成一片的。

郎世寧《乾隆帝歲朝行樂圖》局部

想想也是，那個時候沒有電視，皇上又不能與民同樂，就是靠著過了一個節，開始準備下一個節來規劃宮裡的生活、人力，進行資源調度。看《紅樓夢》的人就都會有一個感覺，這些不能出門的寶哥哥林妹妹們生活的很大動力，就是慶祝這些節日。也可以說，這各種各樣的節日和祭祀，編織成了他們生活的經緯。

清朝皇帝夏天多在圓明園、暢春園、避暑山莊等地方避暑辦公，秋天或在木蘭圍場打獵，但冬天基本都在紫禁城，因為年節很多，祭祀慶祝等事務很頻繁。十二月二十三左右，各部就把公事「封印」了，準備過節。皇帝過節也完全不輕鬆。除夕午時開始，皇帝就會在保和殿賜宴群臣，下午六點，皇帝回到乾清宮，再享受家宴。

每個皇帝的口味不一樣，乾隆就是肉食愛好者，不太愛吃水產，乾隆一生的膳食紀錄裡面都很少看到他進食魚翅、鮑魚等食品，即便到了江南他也

不吃魚。我翻出一張他在揚州的膳單，裡面有「糯米鴨子、萬年青燉肉、燕窩雞絲、春筍糟雞、肥雞徽州豆腐、蒸肥雞油串野雞攢盤、鴨子火燻餡煎黏團」，黏團應該是年糕或者糯米類食品，煎一煎，裡面還有鴨子肉餡兒，想起來就流口水。但光緒就很愛魚翅等海產品。

說回到除夕宴席，皇帝跟我們普通人一樣，過年過節都是吃家鄉傳統菜餚，所以皇帝晚上的除夕家宴主要是以野味和肉食為主。乾隆四十九年（1784）的除夕家宴，御用的一桌酒宴用了豬肉 65 斤，肥鴨 1 隻，菜鴨 3 隻，肥雞 3 隻，菜雞 7 隻，豬肘子 3 個，豬肚 2 個，小肚 8 個，野豬肉 25 斤，關東鵝 5 隻，羊肉 20 斤，鹿肉 15 斤，野雞 6 隻，魚 20 斤，鹿尾 4 個，大小豬腸各 3 根……相當地橫（四聲）。一桌要用 65 斤豬肉，25 斤野豬肉，刨去各種損耗，至少豬肉的菜餚也在 30 盤以上，可想這個席面有多盛大。

白天賜近臣的宴席資料比較少，因為這種宴席基本還是屬於定制，算是臣子們的工作之一，每個人面前放一桌，磕頭、賜酒、賜菜、磕頭……臣子們陪領導吃飯，肯定也是不那麼舒服的。滿族臣子和漢族臣子吃的不一樣，所以有「滿席」和「漢席」——後來民間把這二者合併成了「滿漢全席」。《大清會典》有規定，除夕、元旦、皇帝萬壽等用四等滿席，滿族人愛吃麵食，席上的點心就有玉露霜、方酥夾餡，大餑餑六盤，小餑餑兩碗，紅白饊子 3 盤，乾果 12 盤，鮮果 6 盤，福祿馬 4 碗（不知為何物），鴛鴦瓜子 4 盤，還有一盤磚鹽，最有趣的是「其陳設計高一尺二寸」，應該指堆疊的高度，所以席上看起來肯定是琳琅滿目的。

廷臣的宴席吃法，翁同龢寫過，滿族官員和漢族官員分開站立等待，上午十一點皇帝落座，群臣進門，桌上已經擺好了前面說的這些點心，入座前就要叩頭，先吃湯飯或者細粉雞子（某種雞蛋），然後皇帝像中央廚房一樣給大家賞菜，賞一道叩頭一次，然後就是賞奶茶，又叩頭，賞酒，最後是主食（如果是元宵節，就是幾枚湯圓），然後大家領賞回家，並沒有想像中吃一天的滿漢全席，「為時三刻而已」。

在清朝皇室的宴席中，茶有著非常重要的地位，因為滿族人入關之前就常食肉類和麵食，所以解膩的茶葉就是每餐之後的必需品，在清宮裡一般夏天喝龍井茶，冬天喝普洱茶，普洱茶在清宮裡的消耗量是非常大的，估計翁同龢喝的就是用普洱煮的奶茶。歷史上，新年正月裡，清朝皇帝還會跟大臣一起舉行茶宴，參加的人就包括諸王、貝勒、貝子、大學士、九卿，參加的人就不限於愛新覺羅家的了，等於新春團拜會，著名的千叟宴，就有茶宴的成分。茶宴從康熙開始，在乾隆時舉辦最多，喝了茶，君臣作詩聯句，以松實、梅英、佛手三種，沃雪烹茶，叫三清茶，再加上一些點心。史料裡寫說茶宴的起源是害怕君臣都喝醉了無法作詩，所以改酒為茶。我想其實應該是新年裡大家都吃太膩了，康熙皇帝一聽到還要跟大臣們吃飯，就一拍大腿說，算了，喝茶清清腸胃吧，就這麼成了定例。

關於乾隆時期新年茶宴地點的重華宮，也有幾句話要說，乾隆在登基之後將重華宮變成了一個小型博物館，把太后、皇考、去世皇后富察氏的遺物和贈禮都存放其中，乾隆的聖旨說的是：「重華宮係朕藩邸舊居，特為崇奉，勢必扃閉清嚴，轉使歲時錫慶之地，無復燕衎之樂，何如仍循其舊，俾世世子孫，衍慶聯情，為吉祥福地之為愈乎！」

想起《紅樓夢》裡元春讓姊妹們住進大觀園的情節：「因在宮中自編大觀園題詠之後，忽想起那大觀園中景致，自己幸過之後，賈政必定敬謹封鎖，不敢使人進去騷擾，豈不寥落。況家中現有幾個能詩會賦的姊妹，何不命他們進去居住，也不使佳人落魄，花柳無顏。」這旨意，這語氣用詞是不是如出一轍？再聯想大觀園裡最具特色的文化活動就是一次次的詩社，《紅樓夢》與清朝皇家歷史那雲山霧罩的關係，就更加耐人尋味了。

素餡當道的餃子

過年吃餃子是北方習俗，清宮也不例外。宮裡把麵食都叫餑餑，分煮的、蒸的、烙的、烤的，餃子屬於煮餑餑。相比如今我們大魚大肉皆可做餡，餃子包一切不同，清朝的帝王們就有點慘了，大年夜的「煮餑餑」，只能吃素餡的。文＝王琳─插畫＝咕嘟

清皇室入關前，生活在東北，每到除夕會一次性包很多餃子，直接放在攝氏零下幾十度的室外「天然冷凍室」速凍，再進行貯存。那時候的餃子也不是吃一天兩天就算完了，一連吃十幾天，天天吃餃子。但最隆重的還要數除夕交子時吃的餃子，這頓餃子意為吃隔年飯，年年有餘糧。不過，入關前的餃子餡，還沒有葷素的講究。

除夕吃素餡餃子，是太祖爺定下來的規矩。

相傳，當年清太祖努爾哈赤率十三副遺甲起兵時，為了奪取政權，殺傷過多。為了表示對無辜者的懺悔，努爾哈赤在登上汗位那年的元旦，對天起誓，以每年除夕包素餡餃子，不動葷，來紀念死者。從此，除夕夜吃素餡餃子，就成了清宮裡不成文的規定。

老祖宗的話，自然是要聽的，可畢竟是宮裡的餃子，即便是素餡，用料也不能怠慢。清宮素餃子主料是乾菜，有馬齒莧（知壽菜）、金針菜、木耳，輔以蘑菇、筍絲、麵筋及豆腐乾、雞蛋等。

除了餃子餡有規定，吃餃子還有專門的地點。在除夕晚上的辭舊迎新瞻拜禮儀之後，皇帝要到乾清宮左側的昭仁殿東小屋吃煮餃子。

另外，食用餃子的儀式感也十分重要。據《御茶膳房》檔案記載，清嘉慶四年（1799），嘉慶帝吃餃子時用的是木胎黑地描金漆的大吉寶案，寶案正中書有「一人有慶」、「萬國咸寧」、「甲子重新」、「吉祥如意」等吉語，寶案上擺放四個琺瑯作料盤，各裝醬小菜、南小菜、薑汁和醋，分別壓在四句吉祥語上。桌子上分左、右擺放象牙三鑲金筷、金叉、金勺、擦手布、渣斗（唾盂）。皇帝落座後，首領太監手捧紅雕漆飛龍宴盒跪進，內有兩只繪有「三羊開泰」紋飾的琺瑯大碗，一碗中放素餃子六個，另一碗內盛放「乾隆通寶」、「嘉慶通寶」各一件。首領太監將碗取出，放在大吉寶案的「吉」字上，請「萬歲爺進煮餃子」，嘉慶帝才能獨自一人進素餃子。

吃十幾天素餃子總是會膩的。清代晚期，皇帝將祖宗遺訓逐漸淡化，不走尋常路的光緒帝先是將吃餃子的地點改在養心殿，餃子餡也變成各種肉餡，豬肉白菜、豬肉韭菜、豬肉菠菜、羊肉餡等。比如光緒十一年（1885）時，《清宮膳食檔》記載：「萬歲爺在養心殿進煮餃子，第一次進豬肉長壽餡十二只，第二次進豬肉菠菜餡十二只。」

除了皇帝們，慈禧這位老佛爺也對餃子格外正視。每到春節，慈禧常會召集各王府福晉、格格入宮，一起包餃子、守歲，以聯絡感情。這時誰要不會包餃子，怕是要挨罰了。

所以，在幻想自己成為「清朝穿越」劇女主之前，先把包餃子的本事練好吧！

御膳房職場指南

御膳房是宮裡最有煙火氣的地兒，承包了皇帝的一日三餐、茶水點心；也承包了諸多歷史祕聞、狗血八卦。御廚是太監嗎？御膳房的食材是哪來的？關於御膳房的一切祕密，都在此揭開。

什麼樣的人才能當御廚？

清宮的御膳房裡不全都是滿族人，既然要做滿漢全席，那漢人是必須要有的，除了明宮遺留的山東人，還有來自江南的蘇州人、邊遠新疆的回族人、隨處遊蕩的小攤販……他們有些出身貧賤，有些子承父業，總之，皇帝的口味需要全國人民來烹調。 文＝劉樹蕙｜插畫＝茄子圓兒

應聘公務員自古就是一個難題。

做官是需要學歷的，寒窗十年，也不一定能中舉入仕；當將軍是需要出身名門的，自小習武，屢立戰功，活了下來，才能成為一代名將；而御醫又需要嘗盡世間百草，靈感乍現，一味良藥解救眾生，才能為皇帝瞧病。

既然無法在江山社稷上為皇帝分憂，退而求其次，御廚倒是不錯的選擇——在國家級大廚房裡，選用天下最好的食材，不慌不忙地燉炒煎炸，侍奉皇帝的一日三餐……

皇帝也是普通人,他們似乎對御廚有著天生的寬容,不管你來自哪裡,不管你出身如何,只要你廚藝夠好,都能被皇帝寵幸。

「從龍入關」的滿族人

皇帝是滿族人,自然御廚也是滿族人。

隨著清軍入關,帶來的滿族廚師,成了清宮的御廚核心。他們大多子承父業,傳男不傳女,父親在宮裡做到一定歲數,就可以帶著兒子入宮,看自己做菜,培養接班人,如果沒有兒子,那這道菜無人繼承,就失傳了。

努爾哈赤有一名叫雅喀穆的御廚,相傳,在薩爾滸戰役中他命雅喀穆宰羊慰勞官兵,剔出羊骨,將羊肉燉給傷員吃,而自己卻用羊排骨煨爛後,與眾軍官共享。雅喀穆見狀不忍,想將羊骨做得更好吃一些,於是他把前骨剁成小塊,滷煨後,撈出盛到一旁,放入辣椒,蔥段和白酒,繼續翻炒,直至將骨頭中的水分炒乾,香料入味。這道菜得到了努爾哈赤的誇獎,後命名為火燎蔥香羊排,之後每逢幸事,都做這道菜表達對官兵的愛惜。

後來雅喀穆入宮後,專門烹調滿族的傳統美食,把全羊宴、食肉大典、山八珍、滿族餑餑、野意熱鍋、粗獷烤肉都帶到了清宮裡,著名的「黃金肉」就是出自他的創作。

沿襲明宮的山東人

明末,一批山東人闖關東到東北去開墾黑土地,山東人在東北做菜頗有名氣,受到滿人的喜愛,「膠州幫」就占當時御廚很大的一個比例。

清朝是個很務實的朝代,直接將紫禁城承接下來,沒有另建宮殿,廚師也是這樣,如果漢人的廚子做得好,也會讓他們留下。當時山東廚師幾乎主導明朝皇宮的後廚,魯菜也在那個時期成為國菜的典型,自然,山東人就成了清朝皇宮做漢菜的主要人力來源。比如酥魚,當時北京的山東菜館均賣此菜,更不必說宮廷了,但是宮廷的做法與民間的不一樣,宮廷的酥魚,魚骨必須要酥軟,味道更為上乘。

極受寵愛的蘇州人

乾隆對蘇菜的鍾愛起源於張東官。

在乾隆第四次南巡中,他在蘇州織造普福家偶然品嘗到了張東官做的菜後,讚不絕口,就將他帶回京城,任為御廚。此後,乾隆幾乎每日都點名讓張東官做菜,頓頓離不開張東官。蘇造肉、五香鴨就是他創製的。

到了張東官七十多歲,隨乾隆第六次南巡時,乾隆才下旨讓他回家養老,但還要蘇州織造另選一兩名精壯的蘇州廚師去膳房做膳,可見乾隆對蘇菜的熱愛。

為香妃特聘的回族人

看過《還珠格格》的人,都知道那位招蜂引蝶的維吾爾族香妃。這位香妃在歷史上是確實存在的,就是乾隆皇帝身邊的容妃,而且乾隆對她十分寵愛,特地為她招募了回族廚師,專做清真膳食。

做清真餚饌的御廚叫努倪馬特,他在容妃跟隨乾隆東巡時,一路上為容妃做了羊西爾占(滿語,即肉糜)、回族餑餑等五十多種美食。到了正月宮中宴會,努倪馬特還特意做了羊肉餡餛飩,受到了皇帝的賞賜。

隨處遊蕩的小攤販

御膳房是一個魚龍混雜的地方,什麼人都有。

乾隆這樣的美食家不會放過任何一個探訪民間小吃的機會,那時北京街頭流行「豆汁」,他就讓內務府在民間招募技術純熟的豆汁廚子進宮製作。

到了慈禧,她更是挖空心思尋找能製作各種新穎美食的人,謝二就是因為慈禧想吃炸糕而被傳入宮中專做蒸炸的廚師。還有一個賣芸豆卷的小販,因為慈禧愛吃,就被特意招進宮裡,只做這道點心。這種廚子在宮中少則幾年,多則幾十年,有的人每年只做一兩次,有的甚至從未被傳召過。

這樣一些遊走市井的小攤販,對一心想當御廚而苦練廚藝的大廚來說,就是「有心栽花花不開,無心插柳柳成蔭」。想做皇帝身邊的人,不僅要有拿手絕活,還要運氣好。

超三星米其林餐廳 御膳房的日常

曾經在網上看到這樣一個問題：「我同學吹噓他爺爺曾在御膳房當差，拜託，御膳房不都是太監嗎？」對於這種宮廷劇系列錯誤真是又好氣又好笑，既然御廚不是太監，那真實的御膳房到底是什麼樣子？

文＝王琳｜插畫＝茄子圓兒

皇帝的廚房

御膳房並不是宮裡唯一的廚房

御膳房其實只負責皇帝、皇后的飲食，除了慈禧時期增添了為太后提供膳食的壽膳房，一般情況下，皇貴妃、妃、嬪隨居宮殿設小型膳房，貴人、常在以下無膳房，只能隨本宮主位妃嬪飲食。歷史上並不是所有朝代的宮廷廚房都叫御膳房，只有清代才設置了御膳房，而且，真正的宮廷飲食界大老並不是御膳房，而是內務府和光祿寺。

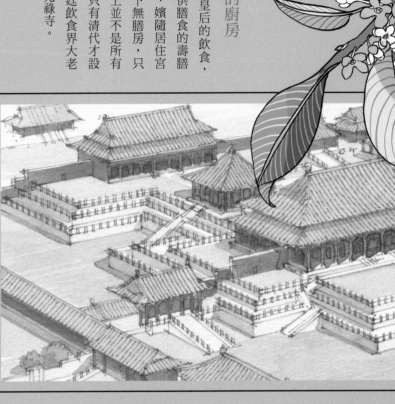

御廚的工作日常

其實只會一道菜

清宮內的大多數御廚其實都是一道菜走天下。膳房內的每道菜都需在單獨的爐灶上製作，每眼爐灶上有三個人，每個人擔任不同的工作，其中配菜的人員最為重要。每到準備御膳的時候，先由打雜的對各種原料進行揀挑洗淨，經內務府派來的筆帖式檢查合格後，交給配菜的，配菜的將各種材料按照膳單上的原料進行處理，配上相應的調料，經筆帖式檢查後，掌勺的再進行炒製。所以，我們印象中的各位廚藝大師，可能連你的廚藝都不如。

清宮飲食機構揭秘

內務府，清宮飲食機構大老

作為清代宮廷飲食界的第一把交椅，內務府是管理皇室事務的總機關，下設「御茶膳房」和「掌關防管理內管領事務處」兩個專職機構，掌關防管理內管領事務處負責原材料的供應，御茶膳房則主要負責製作和配置御膳，清代初期御茶膳房下設膳房、茶房等。乾隆十五年（1750）被分為內膳房和外膳房，內膳房分葷局、素局、點心局、飯局、掛爐局。葷局主管肉類、魚類、海味，素局主管青菜、乾菜、植物油料，掛爐局主管燒烤，點心局主管包子、餃子、燒餅、以及各式糕點，飯局主管各種粥、飯。清代末期內膳房再次進行改革，被分為御膳房、御茶膳房、壽膳房、野意膳房。而另一邊外膳房的分工就比較隨便了，畢竟它只負責宮廷筵宴和值班大臣、侍衛等人的飲食。雖然平日各幹各的，但偶爾也會通力協作，由外膳房做好，再用食挑盒送到內膳房。

除此之外，清宮中還有掌管乾、鮮果品的機構叫果房，不屬於御膳房，而是隸屬於內務府掌儀司，有南果房、北果房之分，南果房負責南方水果，北果房則負責北方水果。還有內務府所轄的廣儲司、營造司、慶豐司等都與宮廷飲食有密切聯繫。

南花園　南果房　北果房　北花園

瓜條　枇杷露

野意膳房

「工牌」使用指南

御膳房的廚師才不是太監

御廚跟大臣們一樣，下班後是要回各家各找各媽的。每個御廚會有一個腰牌，腰牌是個陰陽牌，等同於給了一把鑰匙，陰的一面御廚拿著，陽的一面放在門口，進來的時候陰陽一合，便可證明身分了。雖然沒有現在的指紋識別先進，但是清宮腰牌也還是有一些防偽方法的，腰牌上面通常會有一些個人信息：姓名、年齡、高矮、瘦胖、旗籍，還會有一些樣貌描述，比如面黃無鬚等，拿著這個腰牌就可以自由進出了。

侍衛，膳房最高領導人

膳房裡的大多數人都不是廚子

關於御廚的數量，不同時期有不同的人員定額，直到乾隆時期才正式確定。膳房最高領導人為尚膳正，有3名，其中一等侍衛（武職正三品）1名，二等侍衛2名。接著是尚膳副1名，由三等侍衛擔任，下設尚膳12名，其中三等侍衛5名，藍翎侍衛7名。當然，這些領導是不會做飯的。接下來就是幹活的人了，尚膳下設庖長4名、副庖長4名、庖人15名，領班頂戴拜唐阿4名，拜唐阿4名，承應長5名，承應人84名，催長2名，領催17名。外膳房廚役28名，內膳房廚役67名，筆帖式8名。其下設正、副內管領30名，員外郎1名，掌關防管理內管領事務處設郎中1名，副內管1名，還配備從事各種與宮廷飲食有關的太監、蘇拉（最下等太監），加起來足足有4千9百50人！

御膳房消亡史

荒廢的原因是西餐和「外賣」

很多人看過御膳房的真實照片，幾乎堪比如今黑心外賣的骯髒廚房，雖然當年的御膳房不至於這般寒酸，但是清代宣統時期御膳房的利用率很低了，這位末代皇帝愛上西餐後，還沒事點個六國飯店的西餐外賣，又或者一時興起就從外面的大飯莊叫廚師進宮伺候。後來，御膳房越縮越小，因為開支問題，人遣散了好幾批。說白了，就是御廚們被迫離職。至此，御膳房的神話算是徹底終結了。

御廚們的世襲制

到了年紀，御廚也是可以退休的

清宮也是很人性化的，作為國家公務員，御廚們一般六、七十歲的時候就可以退休了。不過御膳房的專職廚師一般都是世襲的，到了六十多歲，御膳房就會允許御廚帶一個孩子進來，慢慢傳授廚藝，這樣就可以保證御膳的安全性，畢竟祖輩已經得到信任，子孫也可放心被使用。不過世襲制還是非常傳統的，廚藝只可傳男不可傳女，如果沒有兒子，這個技藝就算失傳了。

野味愛好者聚集地

帝后的最愛竟然是傻狍子

清朝時期，東北地區有很多野味，諸如鹿、狍子、野豬，作為滿人、真東北人，入關一百多年後皇室成員們還都沒完全丟掉食野味這種習慣，除了宮裡需要，隨著入關的大臣家屬也有需求。所以每年北京城都會搭狍鹿棚賣野味，年底辦年貨了，都會賣東北特產，野意膳房就是專門來烹製野味的。不過清朝後期皇室飲食習慣已經完全融入漢族，野意膳房就逐漸沒落了。但最果斷的還是溥儀，他把野意膳房徹底改造，變為番菜房，也就是非常洋氣的西餐館。

清宮第一主廚是怎樣煉成的

乾隆皇帝最愛吃誰做的菜？蘇造肉是誰發明的？一個廚師居然可以騎馬隨駕？他就是清宮御膳檔中最閃閃發光的名字——張東官。

文＝蔣小娟｜插畫＝茄子圓兒｜攝影＝喻彬

　　乾隆三十年（1765），蘇州人張東官隨聖駕來到京城，被臨時安置在長蘆鹽政西寧家中，等待進宮。這位蘇州菜廚師怎麼也不會想到，自己會在五十多歲時開始「北漂」生涯。

　　這一契機源於那年的春天，乾隆皇帝第四次下江南，所到各州、府都絞盡腦汁地籌備，恭迎聖駕；其中蘇州織造普福尤其善於揣摩上意。他深知乾隆皇帝對吃穿用度很

是講究，早早讓家廚張成、宋元和張東官做好了準備。二月十五日，當乾隆一行剛剛抵達寶應縣，在此候駕已久的普福立刻獻上了「糯米鴨子一品、萬年青燉肉一品、燕窩雞絲一品、春筍糟雞一品、鴨子火燻餡煎黏團一品、銀葵花盒小菜一品、銀碟小菜四品，隨送粳米膳一品、菠菜雞絲豆腐二品」。乾隆皇帝吃著高興，命總管馬國用賞賜廚役「每人一兩重銀錁子二個」。小小地方官的家廚，為何

能讓見過大世面的皇帝讚不絕口？這可不是一般的地方，也不是一般的地方官。蘇州一向是江南富庶繁華之地、魚米之鄉，當地飲食花樣百出。《桐橋倚棹錄》裡描述光是在虎丘一帶的館子裡，就有上百種菜品。而蘇州織造府負責皇室織品的督造，還要定期辦貢，年例納銀，替皇帝收羅各種好用的好玩的。織造一職慣由皇帝信任的近臣擔任，比如曹雪芹家，自他曾祖父曹璽算起，三代世襲江寧織造。他的曾祖母孫氏是康熙的乳母，祖父曹寅從小做康熙的伴讀，若非這般親近的關係，也不會讓曹家把持這份肥差長達半世紀。江寧織造府的富貴綺麗，在《紅樓夢》中可見一斑，一盤茄鯗要十幾隻雞來配，可不是一拍腦袋就能杜撰出來的。同樣的蘇州織造府，要應酬南來北往的權貴，府中自是名廚薈萃，能進去當差的都是身懷絕技的大師傅。

或許是被江南美食徹底征服了味蕾，乾隆南巡回朝之時將張東官等蘇州織造府的家廚帶回了京城。從此，張東官開始了清宮第一主廚的傳奇人生。

宮裡的御廚一部分是從盛京帶來的一些滿蒙廚師，另一部分是沿用了明代宮廷留下來的山東廚師。御膳房的差事世代相傳，每個人死守家傳菜譜，不需要創新改良和學做新菜式。而以張東官為首的蘇州廚師進宮，一出手就能拿出上百道菜式，簡直是「踢館砸場」，將原本墨守成規、不思進取的御膳房攪得風生水起。

故宮東連房是「蘇造舖」的舊址，也被記作「蘇灶」，顧名思義是由蘇州廚師主理的廚房。宮裡所留下來的皇帝御膳檔，就包括了《蘇造底檔》，裡面記錄了五百多道蘇州菜，還有皇帝下旨在宮裡辦蘇宴的酒單菜單。如今仿膳還在做的蘇造肉、蘇造肘子就是張東官的代表作。

蘇造肉選用豬五花，用丁香、桂皮、甘草、砂仁等調出老湯，慢火煨製而成。這道菜的靈感似乎來自蘇州菜裡的櫻桃肉，將豬肉「切成小方塊如櫻桃大，用黃酒、鹽水、丁香、茴香、洋糖同燒」，是偏甜口的下酒小菜。而張東官為了照顧北方重口味愛好者們，做出的蘇造肉口味更香馥厚重。

乾隆皇帝有多愛吃張東官做的菜呢？在他的每日膳單中，打頭菜（第一道菜）都是署名張東官、雙林製作的。膳單中還反覆出現用膳時指明命張東官添菜的記載。張東官不但要在宮中為皇帝備膳，乾隆外出巡幸時也把他帶在身邊。乾隆四十三年（1778）東巡盛京，乾隆帝親自點名「叫張東官隨營供膳」。《盛京節次照常膳底檔》記：

八月二十六日未正，盛京保極宮進晚膳，用折疊膳桌擺：野雞熱鍋一品、萬年青酒燉鴨子一品（張東官做）、口蘑鹽煎肉一品（鄭二做）、雞湯豆腐一品（常二做）、羊渣骨一品，後送小蝦米炒菠菜一品、燒鹿肉鹿尾燒狍肉攢盤一品、象眼小饅首一品、棗爾糕一品、老米麵糕一品、豬肉餡提折包子一品（張東官做）、黏米糕一品（係愉妃進）、銀葵花盒小菜一品、銀碟小菜一品。隨送粳米乾膳進一品，次送清水海獸碗菜二品一桌（係收的），呈進，上要餑餑二品。進畢。

整個東巡的兩個月中，有三十多名隨營的廚師，但得到皇帝賞賜的僅有張東官、常二、鄭二。而其餘兩人各得一次賞，張東官卻連連得到一兩重銀錁、二兩重銀錁、黑貂帽簷、大卷五絲緞等五次重賞。乾隆對張東官的看重，已經超越了皇帝與廚役之間雲泥之別的身分懸殊，更像是食客與主廚之間的知遇之恩。將張東官獻給乾隆的蘇州織造普福，在後來轟動朝野的兩淮鹽案中，因「私銷銀一萬八千八百餘兩」而掉了腦袋。往日朝堂之上，一個人的倒掉，往往使得族人、家僕全都受牽連。然而，舊主的身敗名裂並沒有影響張東官在乾隆心中的地位。乾隆四十九年（1784）第六次南巡時，張東官再次隨營供膳，因他已經七十多歲，腿腳不便，乾隆特賞他騎馬隨行。行至靈岩山，乾隆讓和珅、福隆安傳諭旨：「膳房做膳蘇州廚役張東官因年邁，腰腿疼痛，不能隨往應藝矣。萬歲爺駕幸到蘇州之日，就讓張東官家去，不用隨往杭州。回鑾之日，亦不必叫張東官隨往京去。」這是乾隆最後一次南巡，為他做了二十年飯的張東官終得以告老還鄉。這樣的結局，在人人平等的今天來看，也頗有高山流水之意。

貢品與皇莊

文＝蔣小娟　插畫＝咕嘟

清宮御膳房的食材單可謂全國土特產大全，雲南普洱、蘇州枇杷……而其中最勞師動眾的，莫過於長江鯡魚的進貢──鯡貢。

張愛玲在《紅樓夢魘》中曾說過她的人生三大恨事：一恨鯡魚多刺，二恨海棠無香，三恨紅樓夢未完。她若仍在，應該會少一件恨事，因為多刺的鯡魚在長江水域已絕跡三十年。

長江三鮮：河豚、刀魚、鯡魚，代表長江水系的至高美味，從來不易得。

二〇一五年上海《新聞晨報》曾花一個月的時間，沿江而上尋找鯡魚，一無所獲。如今市面上的鯡魚都是緬甸來的進口貨，味道大不如長江鯡魚。而河豚少見，刀魚難捕，長江三鮮幾乎成為「傳說中的三鮮」。

鯡魚鮮美，但真正令它奇貨可居的幕後推手卻是朝廷──它的成名史源自於明清兩朝的「鯡貢」制度。

鯡貢：一尾魚的長途跋涉

明代皇室一年中有五次常規的太廟祭祀，分別為「春享」、「夏享」、「秋享」、「冬享」與「除日祭祀」。其中每年四月初一的「夏享」必須供奉「櫻桃、梅、杏、鯡魚、雉」。鯡魚的魚汛為農曆四至五月，出現在長江沿岸南京、鎮江等水域。明代最初定都在南京，鯡魚入貢宮廷並不難。等到永樂年間，明遷都北京。因鯡魚出水即死，保存與運輸極其困難，如何運到北京就成了大問題。天啟年間宦官劉若愚曾記錄：

「七月食鯡魚，為盛會，賞荷花，鬥促織。」可見，隔了兩千里路，明代宮廷依然沒有放棄鯡魚，只不過從四月食鯡魚改為了七月──這中間的三個月，那些鯡魚正艱難地「跋涉」在進京的路上。

鯡魚的捕撈與運送需要消耗大量的時間與人力，所以明朝於舊都南京成立「鯡魚廠」，由南京守備太監負責掌管，既統籌捕撈，又負責督辦鯡魚運送。「鯡魚廠」位

浙江龍井

廣西紅橘

蘇州枇杷

於現南京燕子磯附近，內設冰窖，據《明英宗實錄》記載：「四月進貢鰣魚，須用冰辟熱。然鰣魚廠臨江，而取冰於內府不便。請置冰窖於廠後。從之。」

運送鰣魚的貢鮮船沿京杭大運河北上，船內上下兩層都用冰塊覆蓋。《大明會典》提到南京每年進貢物品到北京設有鮮船 162 艘，用冰船 46 艘，其中運送鰣魚的船有 14 艘。每年的鰣貢不但勞民傷財，更是給當時唯一的「南北大動脈」京杭大運河添亂。因為趕時間，貢鮮船日夜兼程，船隊浩大，嚴重影響其他往來商船。明沈德符寫道：

最急冰鮮，則尚膳監之，鮮梅、枇杷、鮮筍、鰣魚等物。然諸味尚可稍遲。惟鮮鰣則以五月十五日進鮮於孝陵，始開船，限定六月末旬到京，以七月初一日薦太廟，然後供御膳。

鰣魚必須在五月十五日先於南京明孝陵祭祀朱元璋與馬皇后，之後趕在最遲六月末運抵北京，絕不能耽誤了七月一日祭祀太廟。祭祀後的鰣魚供給宮中入膳，還會由皇帝分賞給權臣。獻祭於明孝陵在先，又被北京太廟加持過，這走了兩千里路的鰣魚已不再是一味江鮮，對於獲得賞賜的大臣來說，乃是天恩榮寵，天大的面子。查看《明實錄》上關於鰣魚賞賜的記載，可見萬曆三年（1575）七月，首輔張居正獲得了六尾鰣魚的賞賜，遙遙領先於其他輔臣的兩尾。

清朝立國後沿襲了明代的納貢制度，雖然清初皇帝希望與民休息，減輕百姓負擔，但並未廢除鰣貢。清康熙時詩人沈名蓀在〈進鮮行〉詩中還提到一種陸運的辦法：

江南四月桃花水，鰣魚腥風滿江起。朱書檄下如火催，郡縣紛紛捉漁子。大網小網載滿船，官吏未飽民受鞭。百千中選能幾尾，每尾匣裝銀色鉛。濃油潑冰養貯好，臣某恭封馳上道。鉦聲遠來塵飛揚，行人驚避下道傍。縣官騎馬鞠躬立，打疊蛋酒供冰湯。三千里路不三日，知斃幾人馬幾匹？馬傷人死何足論，只求好魚呈至尊。
（自注：進鰣魚人不得食飯，以生雞卵和酒飯以充飢，冰浸梅湯以解渴。）

詩中所述「每尾匣裝銀色鉛」、「濃油潑冰養貯好」，指將鰣魚浸封在油中裝在鉛盒子（古人用鉛盒子儲存食物，並不瞭解鉛中毒的危害）中冰藏運輸。為了不影響溫度，負責運送的進鰣魚人不能正常吃飯，用生雞蛋與酒飯充飢，以冰梅汁解渴。

為一尾魚如此大費周章，惹得民怨沸騰。清康熙二十二年（1683）山東按察司參議張能鱗仗義執言，上摺子奏請免貢鰣魚：

山東佛手

蒙陰、沂水等處，挑選健馬，準備飛遞。……一鰣之味，何
關輕重，……若天廚珍膳，滋味萬品，何取一魚？竊計鰣產
於江南揚子江，達於京師，二千五百餘里。進貢之員每三十
里一塘，豎立旗竿，日則懸旌，夜則懸燈。通計備馬三千餘匹，
役夫數千人……

　　康熙閱後深有感觸，下令禁止鰣貢，不過到了乾隆時期
才徹底廢除。即使不再進貢鰣魚，清宮依然有著名目繁多的
貢品制度：年貢、燈節貢、萬壽貢、端陽貢等。兩淮春筍、
雲南普洱、陝西玉麥、蘇州枇杷、四川黎椒、兩江藕粉、廣
西紅橘、浙江火腿都一一在列。這些來自大江南北的知名土
特產大大地豐富了御膳房的食材單。

來自皇莊的特供

　　《紅樓夢》第五十三回講到臨近過年，莊頭烏進孝進京
去給寧國府送銀兩與莊上收穫，所遞的稟帖和帳目上列著：

大鹿三十隻，獐子五十隻，狍子五十隻，暹豬二十個，湯豬
二十個，龍豬二十個，野豬二十個，家臘豬二十個，野羊
二十個，青羊二十個，家湯羊二十個，家風羊二十個，鱘鰉
魚二個，各色雜魚二百斤，活雞、鴨、鵝各二百隻，風雞、鴨、
鵝二百隻，野雞、兔子各二百對，熊掌二十對，鹿筋二十斤，
海參五十斤，鹿舌五十條，牛舌五十條，蟶乾二十斤，榛、松、
桃、杏穰各二口袋，大對蝦五十對，乾蝦二百斤，銀霜炭上
等選用一千斤，中等二千斤，柴炭三萬斤，御田胭脂米二石，
碧糯五十斛，白糯五十斛，粉粳五十斛，雜色粱穀各五十斛，
下用常米一千石，各色乾菜一車，外賣粱穀、牲口各項之銀
共折銀二千五百兩。外門下孝敬哥兒姐兒頑意：活鹿兩對，
活白兔四對，黑兔四對，活錦雞兩對，西洋鴨兩對。

　　烏進孝送來的除了豐足的肉禽糧食，還有二千五百兩銀
子，饒是這般，賈珍還是不滿意：「我才看那單子上，今年你

山東木瓜

兩淮春筍

浙江火腿

陝西玉麥

浙閩燕窩

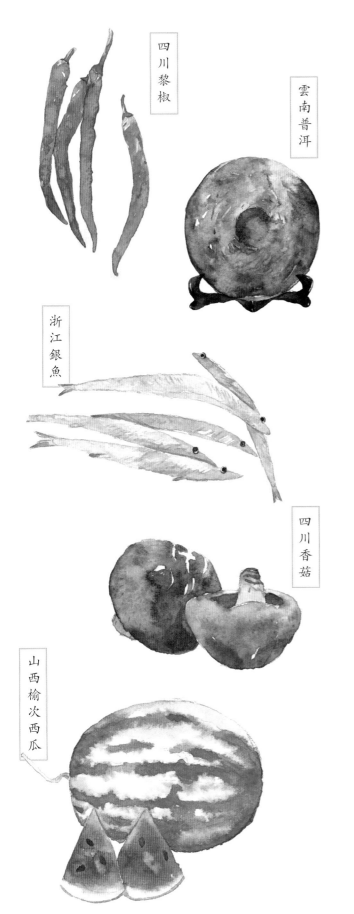

四川黎椒

雲南普洱

浙江銀魚

四川香菇

山西榆次西瓜

這老貨又來打擂台來了。」曹雪芹出身鐘鳴鼎食之家，他筆下這段烏莊頭繳租，寫的正是清代的莊田。

莊田分官田、私田。莊田設有莊頭，管理農民為其耕作。莊頭向佃農收取地租或抵租的收穫物，除按一定比例交給地主外，其餘為其私人所得，相當於「二房東」。正因如此，賈珍才認為烏進孝在和他鬥心眼「打擂台」，以收成不好為由少交租子。

清代皇莊，即清代皇室所擁有的官田，運作模式基本與賈府相同，只不過由內務府統一管理。清室大概有一千多處皇莊，集中在順天（北京）、密雲、張家口、保定、盛京（瀋陽）一帶。莊頭的職務是世襲的，每年所獲銀兩與收成按比例上交內務府。

皇莊定期向宮廷繳納糧食、蔬菜、果品、豆、家禽、牲畜。在盛京（瀋陽）的皇莊還有專門為宮廷養蜂釀蜜的「蜜戶」，捕魚撈蝦的「網戶」，此外東三省還負責繳納野味：鹿、狍子、獐子、野豬等。

與貢品一樣，皇莊繳納食材也是遵守四季規律。苑洪琪所著《中國的宮廷飲食》一書有描述：「以東北為例，六月進新麵粉，七月進鷹、鵝，十月進魚、雉，十一月進野味。清宮『每年冬至後，御膳用鹿尾，至立春日止』。各獵戶、皇莊莊頭為了按時完成任務，組織人力捕捉，而後不分晝夜地宰殺、整治乾淨後，或晾乾，或保鮮，分批分期運到清宮，以保證皇帝御膳之用。」

皇莊的運作，保障了紫禁城內的食品特供；而各地的貢品則為御膳房提供了「從原產地直接到餐桌」的食材。勞民傷財，以舉國之力供養皇族，宮中珍饌早已超出美食的範疇，就像盛在金盞玉盤中的鱘魚，人們嘗的已不再是鮮味，而是權力的味道。

四川香菇

兩江藕粉

乾隆皇帝的荔枝帳

夢想穿越回清宮的各位小主可得想好了，即便
能過五關斬六將，入主中宮，貴為皇后，一天
也只能吃上一顆荔枝…… 文＝李舒　插畫＝TIUGIN

乾隆二十五年

乾隆後宮

瑞貴人一個 和貴人一個 伊貴人一個 郭貴人一個 蘭貴人一個 林貴人一個 豫嬪一個 忻嬪一個 婉嬪一個 穎妃一個 慶妃一個 愉妃一個 舒妃一個 令貴妃一個 皇后一個

皇太后二個 溫惠皇貴太妃一個 裕貴妃一個

荔枝 分配帳底

　　乾隆二十五年（1760）六月十八日，乾隆皇帝收到報告，他的荔枝，熟了。

　　這些荔枝樹並不是種在宮裡，而是由福建巡撫吳士功進貢的，共有 58 桶，每一桶有一棵樹，太監們細細數過，共結果 220 個。六月十八日這一天，有 36 個荔枝熟了。

　　根據宮裡的規矩，太監們「拿十個進宮供佛，其餘隨晚膳後呈進」。乾隆皇帝看了看，下了一道旨：「明日早膳送。欽此。」

　　為啥當天晚上不吃？這是一個謎。有一種可能是，荔枝太珍貴，乾隆皇帝需要思考一下如何分配。

　　第二天吃完早飯，御茶房進呈了 40 個荔枝——除了前一天拿到的 36 個之外，還有第二天早上新摘下來的 4 個。乾隆皇帝終於做出了決定，這些荔枝，先恭進皇太后 2 個，又差御茶房首領蕭雲鵬送給撫養過他的溫惠皇貴太妃（康熙之妃）和裕貴妃（雍正之妃），每位鮮荔枝 1 個；剩下的賜皇后、令貴妃、舒妃、愉妃、慶妃、穎妃、婉嬪、忻嬪、豫嬪、林貴人、蘭貴人、郭貴人、伊貴人、和貴人、瑞貴人，每位鮮荔枝 1 個。

　　皇后貴妃們才能分得 1 個荔枝，我覺得我比皇后幸福。

　　這些細節，都被記在清宮的《哈密瓜、蜜荔枝底簿》，皇帝對待荔枝如此珍視，全因為荔枝乃是不易得的珍貴果品。

　　最著名的皇家荔枝愛好者，當數楊貴妃，「一騎紅塵妃子笑，無人知是荔枝來」。有人推測，即使是快馬加鞭，楊貴妃也不太可能吃到嶺南的荔枝。不過，荔枝並不是廣東特產，福建和四川兩地也有。南宋的范成大在《吳船錄》卷下記載：「唐以涪州任貢，楊太真所嗜，去州數里，有妃子園。」涪州在今天的重慶。

　　漢代皇帝曾經試圖在長安種植荔枝，結果始終不結一果。到了北宋宣和年間，徽宗想要吃新鮮的荔枝，權臣蔡京決定用小株的荔枝栽在瓦器中，敷以當地的泥土，用船運到汴京，移植於都門闕下。這種方法到了清代，又有了長足進步。雍正二年（1724）四月初九日，閩浙總督滿保、福建巡撫黃國材奏報說：

荔枝盛產於福建地方，小樹插桶內種植者，官民家中皆有，其味不亞於大樹所產者，此等小樹木載船運至通州甚易，並不累及官民，亦無需搬運人夫。是以將臣衙門種植桶內之小荔枝樹，於四月開花結果後，即載船由水路運往通州……於六月初，趕在荔枝成熟之季，即可抵達京城。

　　荔枝樹開花結果之後上船，兩個月水路，到了京城，正好成熟。

真是心疼死朕了，區區
幾顆荔枝還要分給眾人，
做皇帝有什麼好，連個
荔枝都不能吃盡興。

鮮荔枝難得，宮裡有時也吃蜜荔枝，這種做法至少
從宋朝起就開始用於處理荔枝。北宋大書法家蔡襄寫過的
《荔枝譜》裡，曾經提及福建的荔枝，有「紅鹽」和「蜜
煎」兩種：

紅鹽之法：民間以鹽梅滷浸佛桑花為紅漿，投荔枝漬之，
曝乾，色紅而甘酸，可三四年不蟲，修貢與商人皆便之。
然絕無正味……蜜煎：剝生荔枝，笮去其漿，然後蜜煮之。

還是在乾隆二十五年（1760），七月十四日，處暑的
第二天，宮裡收到來自閩浙總督楊廷璋進貢的 72 瓶蜜荔
枝和福建巡撫吳士功進貢的 48 瓶蜜荔枝。皇帝的分配如
下：進皇太后蜜荔枝 8 瓶，差首領張義公進訖。給溫惠皇
貴太妃蜜荔枝 2 瓶，裕貴妃等位蜜荔枝 4 瓶。剩下的賜皇
后蜜荔枝 3 瓶，令貴妃蜜荔枝 2 瓶，舒妃、愉妃、慶妃、

穎妃、婉嬪、忻嬪、豫嬪每位蜜荔枝 1 瓶。慎貴人、林
貴人、蘭貴人、祥貴人、伊貴人、郭貴人、瑞貴人、和貴
人、鄂常在、白常在，10 位蜜荔枝 15 瓶。

乾隆皇帝的御製詩裡，也有荔枝的身影。這位被公認
為古往今來最喜歡寫詩的皇帝，一輩子留下了三萬多首御
製詩，平均每天要寫一首多。他大概是用寫詩的辦法記日
記：「拈吟終日不涉景，七字聊當注起居。」乾隆皇帝的詩
寫得不好，用錢鍾書先生的話說，是：「清高宗亦以文為
詩，語助拖沓，令人作嘔。」不過，在浩瀚的詩海裡，荔
枝出現的次數可不少：

乾隆七年（1742）

食荔支有感

炎州佳種號離支，

巴峽瀘戎未足奇。
色寫天霞連顆綴，
影留閏月帶根移。
酪漿雪質無能比，
玉管雲箋有所思。
夢裡不知身是夢，
還如賜食寢門時。
——《御製詩初集》卷十

乾隆九年 (1744)
荔支至頒賜朝臣因而有感

閩中佳實秋前到，
相對年年有所思。
州酋節祇供原廟，
承恩非復寢門時。
飛來嶺外炎風送，
斜倚欄邊揭露垂。
料得擎歸舊鴛侶，
幾多歡喜幾多悲。
——《御製詩初集》卷二十二

乾隆十一年 (1746)
夢【時六月十六日】

來何忽忽去憧憧，
空際雲行尚有蹤。
應為嘗新荔子到，
又教夢裡一相逢。
——《御製詩初集》卷三十三

荔支便是荔枝。這幾首詩可以為旁證，清代進貢的荔

枝都是整棵樹，以保證荔枝的新鮮。乾隆的這三首詩，似乎都在夢見一個和荔枝相關的故人，做夢的時候，夢見當年御賜荔枝到內宮（寢門，古禮天子五門，諸侯三門，大夫二門。最內之門曰寢門，即路門。後泛指內室之門），而接受荔枝的那個人，似乎已經是「舊鴛侶」了。

舊鴛侶是誰？大家說法不一，從字面上看，大約是早年在潛邸時就跟從的后妃。有人說是生育了大阿哥的哲憫皇貴妃，也有人猜測是乾隆元年去世的儀嬪。這位故人大約很喜歡荔枝，繼位早期的皇帝，每次分配荔枝的時候，就會念念不忘。

不過，這位故人大概沒想到，其實宮裡的荔枝，離福建原產地的荔枝味道，實在是差太多太多。乾隆年間擔任過福建學政的沈初，有一次曾得到御賞的荔枝，據說「其味遜在閩中遠甚」。

素來以摳門著稱的道光皇帝在上任之初就取消了福建的荔枝貢，之後，清宮裡的荔枝，專門由兩廣總督進貢。光緒十五年（1889），時任兩廣總督的張之洞在進貢荔枝時，順便送了好朋友李鴻藻「鮮荔八瓶」。這樣珍貴的食物，李鴻藻不敢獨享，次日就「為佩老送荔枝」，又「送恭邸荔枝二瓶」，又「為仲華作書，送荔枝」。「佩老」是寶鋆（字佩蘅），「恭邸」是恭親王府邸，「仲華」是榮祿。寶鋆、恭親王和李鴻藻曾同值軍機，榮祿是李鴻藻的換帖兄弟。

不過，在此三年前，李鴻章也曾經送過荔枝。光緒十二年（1886）六月，李鴻章給光緒皇帝的生父醇親王送了 6 瓶荔枝。醇親王向慈禧進貢了一部分，剩下的 500 顆分給 46 個朋友，每人 10 顆左右。

饋贈名單中有帝師翁同龢。他在六月初五的日記中寫道：「醇邸送鮮荔枝十枚，薦而後嘗之。」拿著十顆鮮荔枝，先祭祀祖先，這大概是為了效仿東漢的和帝，他曾說嶺南進貢的荔枝「本以薦奉宗廟」。相比之下，「日啖荔枝三百顆」的蘇東坡，和我們這些能吃到隔日送達鮮荔枝的現代人，實在是太幸福了。

我們費盡心思，才找到這件
高度仿真的山寨龍袍，請忽
略這條歪鼻子龍。（我們也
想要故宮真品啊！）

仿膳靠譜嗎？

從前，故宮不對外開放，老百姓對故宮的印象近乎傳奇，御膳房就是當時中國最頂尖的大食堂。他們就玄之又玄地說這是慈禧吃過的，其實就是把北京平常吃的點心做小、做精了。 文＝劉樹蕙｜攝影＝高遠

吃仿膳，大家唯一的標準就是：這個真的是皇上吃過的嗎？

答案或許會讓你失望。有些時候，你吃的仿膳，連皇上都不認識，甚至，他們吃的也是假的。

有一道仿膳名菜叫「魚藏劍」，光聽這名字，就覺得背後發涼，的確有人為了吃它丟了性命。這道菜的菜名源自一個故事。春秋戰國時期，吳國的公子光（後來的吳王闔閭）想殺了吳王僚自己繼承王位。吳王僚嗜魚成性，公子光便找來猛將專諸，用一把藏在魚腹中的短劍要了吳王僚的性命。

兩千多年後，一位御廚也真是不怕死，或許只是想紅，端著這道「魚藏劍」就到了慈禧面前。慈禧也是明白人，當面就質問：「專諸為刺王僚而燒此菜，你現做此菜給我吃，有何居心？」這廚師也真是聰明，連忙跪下稟道：「老佛爺洪福齊天，吳王僚之輩無福享受的佳餚，老佛爺自然享得，豈是吳王僚可以相比呢！」慈禧這人最大的特點就是聽不得人誇，說自己比古代君王還有福氣，心花怒放，嘗過魚後，更是下令重賞。

這位一心想紅的御廚最後也沒在歷史上留名，倒是他的兒子王玉山替他完成了這個心願。據北京故宮宮廷部的老專家苑洪琪老師介紹，御廚一般都是家族傳下來的，傳男不傳女，父親到了六十歲，就可以把兒子帶進宮，培養他接班，那個時候御廚不能記錄自己做了什麼菜，每個人只做一兩個拿手菜，就只能傳授給自己的兒子。

有一天，慈禧在用膳的時候，看了一眼菜，都沒什麼胃口。正當御廚不知所措的時候，當時還沒出師的王玉山將剩下的里脊和著太白粉胡亂抓了一下，投到鍋裡炒了起來，撈了幾下便呈上席了。慈禧見這道菜，肉片金黃，嘗後滑嫩異常，甚是滿意，吃了還想吃，便問：「這是什麼菜呀？」王玉山事先沒有準備，但繼承了他爸的隨機應變，答道：「抓炒里脊。」不料慈禧大悅，隨機封他為「抓炒王」。就這樣王玉山從伙夫升級為御廚，專為太后烹調抓炒里脊。

他繼承的不僅是他爸的機敏，還有做仿膳的手藝。如

今仿膳飯莊眾所周知的「四大抓」（抓炒魚片、抓炒里脊、抓炒腰花和抓炒蝦仁）就是他發明的。

1925 年，這些流落民間的御廚並未在宮外混得風生水起，相反，一個個窮困潦倒。因為在宮內每個人一輩子只會做一兩道菜，不像外面的廚師什麼都做得來。為了生計，原御膳房當差趙仁齋和他的兒子趙炳南，約請了御膳房名廚王玉山、孫紹然、趙永壽、牛文質、潘文饗、楊青山等人合夥在北海公園五龍亭邊開了個茶社，取名「仿膳」。

做什麼呢？他們挖空心思，決定做清宮糕點小吃，就像現代人對皇家感到神秘一樣，仿膳自古就是最具誘惑力的「偽冒產品」，真品既已斷代，贗品自然正宗。從前，故宮不對外開放，老百姓對故宮的印象近乎傳奇，御膳房就是當時中國最頂尖的大食堂。他們就玄之又玄地說這是慈禧吃過的，其實就是把北京平常吃的點心做小、做精了。

比如「栗子麵小窩頭」，其實慈禧也沒吃過。大家都知道慈禧在光緒二十六年（1900）西逃特別狼狽那段，沒有吃喝，一路逃難到了河北懷來，知縣吳永叫家裡做了點窩頭煮了點雞蛋給慈禧送過去，當時慈禧吃窩頭吃得特別香。回宮後，慈禧還想吃，趕緊叫了吳永來，結果說這個不是原來那個味道。御膳房反覆實驗，最後把玉米粉換成黃豆粉，又攙了點桂花和白糖，捏成小的。味道肯定不是那個味道，但是慈禧吃著也覺得不錯，就問：「這個裡面攙的是什麼？」幾個人想了半天，回說是栗子粉。其實，只是 70% 玉米粉 30% 黃豆粉，但是「栗子麵小窩頭」就作為仿膳名點流傳下來了。

那些變了口味，附名「慈禧吃過」的仿膳還有很多，皇宮裡最不缺的就是套路，心機過人的慈禧也免不了經常被騙。有著美名加身的食物，吃的時候也是帶著優越感的。不是哪個人都像溥儀那樣耿直：「華而不實，費而不惠，營而不養，淡而無味。」這是他對皇家用膳的總結，如果問他對仿膳的評價，他一定會向你吐一肚子的苦水，輪到他當皇帝，早已是清宮的末代，吃起飯來毫無興致。

但如果你問慈禧仿膳到底靠譜嗎？她一定會告訴你，吃飯嘛，最重要的是開心啦，誰在乎它是不是真的呢？

下毒高手養成記

文＝王琳　插畫＝肉子

總有刁民想害朕～

論宮廷劇經典鏡頭，銀針試毒絕對可以擠進前三。堂堂皇帝，難道就命繫一根銀針？皇帝沒死，可不單是有「主角光環」。

　　在現代人眼裡，皇帝絕對算是高風險職業。上位之前，先經歷一番明爭暗鬥，登上皇位後，又有無數人想取而代之，簡直天天命懸一線。而在眾多皇帝的日常裡，吃飯，是風險係數最高的活動。不過，能當上皇帝的也不是簡單人物。據乾隆時期內務府檔案記載：「乾隆十二年（1747）九月三十日辰初，萬歲爺弘德殿進早膳畢。」「十月初一日未正，萬歲爺重華宮正誼明道東暖閣進晚膳。」「十月初一日茶膳房侍候，萬歲爺霽紅盤野意酒膳一桌，十五品……養心殿侍候。」

　　從檔案中我們可以看出，兩天內乾隆爺就換了三個地點用膳。狡兔只有三窟，偌大的清宮可都是皇帝的地盤。吃飯的時間到了，皇帝在哪，就在哪用飯。要想摸清用膳地點提前埋伏下毒，完全是件碰運氣的事。

　　肯定也會有人說那就直接收買御廚唄，不好意思，這個概率更小。負責給皇帝提供膳食的地方是御膳房，御膳房由內務府直接領導，設管理事務大臣若干人，這些大臣都是由皇帝特別指派的，一般都由皇帝的親信擔任。另外出於安全考慮，御膳房規定每眼爐灶上一人配菜，一人掌勺，一人打雜，三人互相監督，每一個工作過程還要被筆帖式檢查。在炒菜、盛菜、送菜的時候，膳房總管、提調的眼睛會緊盯每一個動作，每道菜旁邊都有膳底檔簿冊，清楚地記載著每一灶眼的三個人名。《養吉齋叢錄》中就有這

樣的記載：「膳房恭備御膳，某物品及某物為何人烹調，逐日開單具稿，呈內務府大臣畫行。」而且每道菜，都要準備兩份，一份呈給皇上，一份留作樣菜，以備查驗之用，一旦御膳出現問題就可以追查到相應責任人。有了這些措施，御廚們自然不敢輕易下毒。我算了一筆帳，最初清朝的御膳標準是每頓飯要有120道菜，按一道菜就要收買五、六個人的節奏，想想也是夠傷腦筋的。當然，即便你僥倖說服了御廚，也別忘了驗毒這件事。

銀器，確實是清宮驗毒的良方。這一切都多虧古代的毒藥比較單一，清一色的砒霜，還是不純的砒霜。因為銀碰到硫化物會起化學反應，生成黑色的硫化銀。而砒霜（三氧化二砷）在提取時往往含有硫化物，所以銀器測毒很靈驗了。但如果單靠銀針一菜一驗，菜都涼透了，萬歲爺定會怪罪，最簡單的方法就是使用銀器盛菜。如果使用金器是為了皇家的高貴和氣派，那使用銀器，就是為了保命了。銀器在皇帝的餐具中，占有特別大的比例。如乾隆二十一年（1756）十一月初三日《御膳房金銀玉器底檔》所記的餐具如下：

金羹匙一件、金匙一件、金叉子一件、金鑲牙箸一雙、銀西洋熱水鍋二口、有蓋銀熱鍋二十三口、有蓋小銀熱鍋六口、無蓋銀熱鍋十口、銀鍋一口、銀鍋蓋一個、銀飯罐四件、有蓋銀銚子六件、銀鏃子四件、有蓋銀暖碗二十四件、銀蓋碗六件……

從這份檔案中可看出，乾隆所用餐具幾乎都是銀器。如果使用瓷器餐具，御膳房就會在菜旁邊放一個試毒牌。試毒牌是一種半寸寬、三寸長的銀製小牌子，通常由太監在皇帝面前將銀器放進菜裡進行實地檢驗。即便防毒措施在我們看來已經滴水不漏，還有最後一招——找人試菜。這件差事是侍膳太監的分內事，叫作「嘗膳」。驗證無毒後，皇帝才示意侍膳太監將自己喜歡吃的菜盛至碗中，開始享用。

但最慘的還在後面。皇帝吃飯有個「吃菜不許過三匙」的規矩，因為皇上對菜的喜好絕不能被外人知道，以防別人有針對性地下毒。無論什麼菜，都不能連吃三口。如皇帝說句「這菜不錯」，太監再盛一次後，就要將這菜往後挪。假如皇帝連吃了三口，太監就會喊「撤」，此後十天半月都不會再有這道菜。

所以，聽我一句勸吧，咱直接扒開皇帝的嘴去餵毒藥，都比在飯菜裡下毒容易得多了。

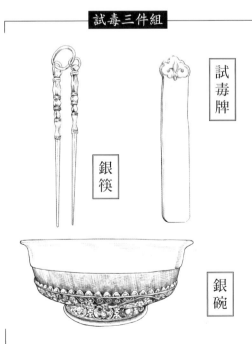

試毒三件組

試毒牌

銀筷

銀碗

早點攤在這裡

神武門

東長房

北五所

御花園

北

紫禁城通勤一族 去哪兒吃早點

大臣上朝之前，最愛去哪吃早飯？
且隨我們與諸位軍機大臣一道逛逛清宮早點一條街。

文＝不得不犯狗｜插畫＝肉子

人氣商品

蘇造肉

在電視劇《走向共和》第 12 集中，有一個橋段：翁同龢、慶親王等大臣，上班前在宮裡吃早點攤兒。

就聊聊這大臣們，到底在宮裡怎麼吃早點吧。

《走向共和》裡這些大臣吃早點，是在故宮實景拍攝，地點是在景運門外。景運門和與之對稱的隆宗門之間這個區域，叫「天街」，這個天街把皇宮分成了外朝和內廷（也就是後宮），這兩門也就成了後宮的禁門。大臣們上班前的準備工作當然就要在這兩座門外搞定了。

有位舉人壽森壽逸庵，在步軍統領衙門供職，進宮公幹，就在隆宗門外吃過早點。這位壽爺不光吃，還給記下來了，寫了首〈望江南〉：「前朝憶，憶得出隆宗。蘇造肉香麻餅熱，炒肝腸爛杏茶濃。鋪歠日初紅。」

他自己還有個注：「乾清門外東曰景運，西曰隆宗。隆宗門外罩壁後，於黎明時，有蘇拉戴紅帽賣食物，為奔走小吏調飢之所，各種食物之美，至今人稱道不衰，殆飢者甘食也。」

壽爺這資料太棒了，連菜單都給了：蘇造肉、芝麻燒餅、炒肝、杏仁茶。

蘇造肉是太監們很拿得出手的佳餚！這與南府太監有很大的關係，自康熙朝後，宮裡接收了很多蘇州一帶戲曲藝人進南府供職，他們帶來了很多南邊小食的做法，蘇造肉也是其中之一。

上面這條史料應當就是《走向共和》這個橋段的直接來源。只是把隆宗門換成了景運門，為什麼呢？《走向共和》這個電視劇是 2001 年到 2002 年拍的，那個時候隆宗門外的區域還沒有對外開放。當然現在隆宗門外慈寧宮南至冰窖、斷魂橋、武英殿已經完全開放了。

有人問了，那宮裡還能私自擺攤賣早點？能啊！別說早點攤兒了，

還有正經飯館呢！曾經的東長房，現在是「故宮文創館」，賣點這個那個什麼的。據升平署（前身即為南府）太監耿進喜講，前清的時候，這就有兩飯館，一個叫四合義，一個叫六合義，大約是內務府借職務之便開到宮裡的。顧客全是內務府的和宮裡太監，經營模式和外頭一樣。另外一位慈禧太后跟前的司房太監「神仙張」則講：四合義是在宮內西河沿，現在這裡是「文物醫院」，故宮的專家們就是在這裡修文物。四合義的掌櫃姓王，專營「豬羊二葷、大餅炒菜」，內務府工匠可以來吃，太監也可以來點醬肉捲餅外加碗豆兒粥解饞，甚至后妃等也派太監來買。敢情這宮裡的大鍋飯是一直都不好吃，要不那個著名的賣饅頭的小販也不能有市場（咸豐年間有個賣饅頭的小販撿了別人丟的腰牌，就混進宮裡大街小巷地賣饅頭，混了快三年，大概生意還不錯……後來有一次賣到這個隆宗門外，被護軍給逮了）……

當然，也有在宮外吃早點的。

齊如山在回憶北平的小文中曾提到：「各官員到東華門外，都要吃一點東西，因為都是一點多鐘就起床，匆匆出門，自己家中預備吃者很少，所以在此都要吃點。中下級的官員，都在大街飯攤上吃，無非是餛飩、老豆腐、大米粥等等。堂官則在小飯鋪中，也無非是吃些甜漿粥、小油炸果等等。我隨先君（注：齊如山之父齊令辰，翁同龢門生）上朝過兩次，都是在大街上吃的，一次吃的格豆，乃用綠豆粉所製，亦頗適口，此食只北平有之；一次吃的燒餅餛飩。」格豆今日在河北尚可吃到，多用白薯粉做。

這樣的情景在 20 世紀 70 年代的電影《傾國傾城》中可以看到。

朱家溍先生曾為這部片子寫過影評。朱先生說「一群朝珠補褂，

芝麻燒餅

杏仁茶

頂翎輝煌的人」在街上吃豆腐腦，這算「有失官體」。

齊二爺倒是也提到了這一點：「請問穿戴著頂子、花翎、蟒袍、補褂、朝珠等等，蹲在大街上吃東西，這像一件事情嗎？然而有清二百多年，永遠如此，這已經夠腐敗的了。」

那麼古代公家單位就沒有供餐嗎？也不是。

前清吏部主事何德剛寫了本《春明夢錄》，裡邊寫道：「余每到軍機處啟事，其廊下必排燒餅油扎果（注：就是油炸果、油條啊）數盤，為備樞臣召見下時作點心也。古人宰相堂餐，斷不如是之節儉。當日樞臣，似尚有羔羊素絲之遺意也。」別管他後面那一大堆，那是誇「樞臣」節儉的，反正節儉不節儉，也不用自己花錢，也就是說進軍機處的大臣吃早飯可以報公帳啦！

其實明朝皇上就管過大臣們的飯。明朝朱國楨《湧幢小品》載：明太祖洪武爺（那時候京城在南京）上朝，在奉天門（相當於北京故宮的太和門）或華蓋殿（相當於北京故宮的中和殿）或武英殿，大臣們奏完事，按級別順序排好，磕頭、吃飯、再磕頭、走人……就這麼吃到洪武二十八年（1395），禮部說皇上咱現在人忒多，吃不起啦，別讓他們吃啦，皇上說好，這事就算完了……

對了，故宮還曾經為了方便職工，一度在神武門西門洞裡擺過早點攤兒，隨來隨吃，隨吃隨走。後來，就沒有後來了……

皇上吃了嗎

你以為皇上頓頓都是山珍海味、滿漢全席？錯！那皇上到底吃什麼？康熙的火鍋、乾隆的醬菜、道光的炒雞蛋、老佛爺的下午茶，我們總結了清宮熱門菜單&酒水單，總有一道適合你。

清代皇帝的三餐

飲食文化學者邢渤濤曾經在相關文章中講述一個改革開放初期的故事，說香港有位富翁來到廣州某酒家，扔下一萬元錢，要吃一餐飯。廚師便採購來數千斤的鯉魚，只取用鯉魚的鬚，做成一盤「龍鬚菜」，讓那些數千斤的整條鯉魚成了「下腳料」。那位富翁吃了之後，自詡說這種「龍鬚菜」是「御膳」的檔次，只有清代皇帝方才吃得到，滿意而歸。實則，就算是在清代的宮廷中，「御膳」也絕對不會是這種「吃嚤頭」的東西。那麼清代皇帝的三餐，究竟是什麼樣子呢？文＝橘玄雅　插畫＝茄子圓兒

清代皇帝的「餐制」

　　所謂「餐制」，即是指一天吃多少頓正餐。在清代，南方的餐制多為三餐制，而北方則多為兩餐制。當時的宮廷是典型的北方生活，也是以兩餐制為基礎的。

　　據說康熙年間，有一次全國大旱，康熙帝以身作則，主動將宮廷內的餐制暫時改為一餐制以示節儉。後來清末的時候，宮裡通了電，宮廷進入近代生活，逐漸改兩餐制

為近代三餐制。除了這兩段特殊時期之外，清代宮廷的大部分時間均是實行兩餐制的。

　　根據清代制度規定，皇帝一日兩餐，分別稱之為「早膳」和「晚膳」。「早膳」在卯正二刻（6:30），「晚膳」在午正二刻（12:30）。很多人認為清代皇帝對於這個規定是律令化執行的，但是根據《膳底檔》等清宮檔案可以知道，在實際操作中，「早膳」和「晚膳」的時間是根據皇

帝的需求和情況靈活調整的。一般來說，「早膳」是在五點到十一點之間，而「晚膳」是在十一點到十五點之間，都有相當大的彈性。

看到這裡，想必有人會害怕皇帝吃不飽，其實完全不用擔心。清代皇帝雖然只是「兩餐」，但是所謂的「餐」，必須是相當正式的一頓飯，其餘不正式的飲食則稱之為「點」。「餐」被限制為「兩餐」，而「點」卻是自由的。

以執行「兩餐制」的時代而言，皇帝的每日飲食情況是這樣的：每天起床之後，先吃一頓「早點」，在處理一些政務之後，再吃一頓正餐，稱為「早膳」。午休之後，如果有需求，可以傳一頓午點，一般檔案上寫為「餑餑桌」。下午則吃第二頓正餐，即是「晚膳」。如果這一天皇帝就寢比較晚，在晚上又餓了，可以傳一頓夜宵，一般檔案上寫為「晚晌」，之後就寢。

所以這樣算來，皇帝一天中，「餐」雖然只有兩次，但是「點」卻有三次之多。而且根據需求，這個「點」還可以繼續增多。

皇帝餐桌的發展與差異

在清初的時候，清宮的飲食還比較樸素。康熙帝曾經有過「不食兼味」的說法，指的是一餐之內只食用一種類型的主食材。比如說這頓飯吃豬肉，那麼就只吃豬肉的菜餚，不再吃雞肉、魚肉。到了乾隆朝初期，清宮飲食還相對樸素，每餐只有18品。這裡的「品」，是清宮記錄菜餚的量詞，和我們今天的「一道菜」的「道」類似。這18品，是包括了主食、醬菜和甜點的，所以應該說並不算太奢華。

但是在乾隆朝中期，隨著清代國力的增強，皇帝餐桌上的排場也與日俱增。到了乾隆四十年（1775）之後，皇帝每餐的菜品就已經到了40品以上。之後逐漸增加，特別是到了晚清慈禧皇太后掌權的時期，菜品就更加豐富了。就算到了後來宣統皇帝退位之後的小朝廷時期，這種排場依然沒有能夠減下去，何況當時還又新出現了「西餐」這種「新鮮物」來填補御膳。

另一方面，不同皇帝對於食物的喜好，也在當時的餐桌上能體現出來。比如說，清代記錄皇帝每天飲食的檔案叫作《膳底檔》，乾隆皇帝留下了大量的《膳底檔》，但是在他的《膳底檔》中，就算是在下江南的期間，都幾乎沒出現過魚類，這基本能表明乾隆帝大概不喜歡吃魚。同樣，從《膳底檔》中我們可以看到，慈禧太后尤其喜歡吃燒烤或者甜味的食物，光緒帝比較喜歡吃魚蝦以及作為點心的小窩頭，小朝廷時期的宣統帝則最愛吃西餐。

清代皇帝的每一餐

清代皇帝的每一頓正餐，一般是由十部分構成，這十個部分是：鍋子、熱菜、熟食、蒸食、醬菜、主食、粥湯、甜點、特殊菜品和吉祥菜。

熱菜、熟食之類的，大家都能懂，這裡就說一下個別詞。所謂「鍋子」，即是火鍋，清宮的火鍋不像今天我們吃的涮鍋那麼大，一般都是小火鍋，燉菜；「蒸食」指的是饅頭一類的食物；「特殊菜品」指的是應時當令的節慶菜，比如說正月十五的元宵、八月十五的月餅、臘月初八的臘八粥等等；「吉祥」則是晚清開始有的一種菜品，一般由四品大碗菜組成，每碗菜上都用燕窩擺出一個字，形成一句「萬壽無疆」或者「福壽萬年」之類的吉祥話兒。除此之外，清宮還有「額食」和「添安膳」。目前關於「額食」的作用，學術界尚有爭議，一般認為這些「額食」只是用來擺著看，增加豐盛的感覺的，但是在檔案之中，提到過「額食」也是可以吃的。而「添安膳」，據說是慈禧皇太后所創立的，實際上即是在原本的菜品之外，再加一套，以增加選擇和排場。

讓我們具體看看清代皇帝一天的餐桌吧。以下為光緒二十一年（1895）正月初一日的《膳底檔》，這份《膳底檔》記載了這一天光緒帝的所有飲食情況。

上進元宵各一品。上進油鹽火燒各一品。上傳粳米、米粥各一品。上要高頭十個。（以上是早點）
養心殿進早膳。用填漆花膳桌擺：口蘑肥雞、三鮮鴨子、

肥雞絲燉肉、燉吊子、肉片燉白菜。後送氽丸子鍋子、煨羊肉片氽黃瓜、豆秧氽銀魚、氽鮮炸汁、小蔥炒肉、口蘑羅漢麵筋、烹掐菜、掛爐鴨子烹肉、豆腐湯、白糖油糕、棗糖糕、棋子湯、老米膳、稀膳、早稻粳米粥、甜漿粥、焗米粥、小米粥。

上進二碗老米膳，一碗粳米粥。

添安早膳一桌：

火鍋二品：金銀奶豬、口蘑燜鴨子。

大碗菜四品：燕窩「慶」字八寶鴨子、燕窩「賀」字什錦雞絲、燕窩「新」字口蘑燜鴨子、燕窩「年」字三鮮肥雞。

懷碗菜四品：燕窩鴨條、熘鴨腰、荸薺蜜製火腿、什錦魚翅。

碟菜六品：燕窩炒鍋燒鴨絲、肉片燜玉蘭片、肉丁果子醬、榆蘑炒雞片、蓋韭炒肉、炸八件。

片品二品：掛爐鴨子、掛爐豬。

餑餑四品：白糖油糕、苜蓿糕、蘋果饅首、如意卷。

燕窩三鮮湯。（以上是早膳）

午正。上進果桌一桌二十三品。（以上是午點）

養心殿進晚膳。用填漆花膳桌擺：口蘑肥雞、三鮮鴨子、肥雞絲木耳、肘子、燉吊子、肉片燉白菜。后送大炒肉、雞湯白菜、煨羊肉氽黃瓜、豆秧氽銀魚、鮮蝦丸子、肉片燉蘿蔔白菜、排骨、醬爆肉、鑲冬瓜、燻雞絲、熘脊髓、里脊丁黃瓜醬、肉片燜雲扁豆、冬筍絲炒肉、爆三樣、炒苜蓿肉、炸汁、小蔥炒肉、口蘑羅漢麵筋、烹掐菜、蘇造五香肉、豬肉絲湯、脂油方脯白蜂糕、豆腐湯、老米膳、稀膳、早稻粳米粥、焗米粥、小米粥。

上進二碗老米膳，一碗粳米粥。

添安晚膳一桌：

火鍋二品：野意鍋子，蘋果燉羊肉。

大碗菜四品：燕窩「江」字海參燜鴨子、燕窩「山」字口蘑肥雞、燕窩「萬」字鍋燒鴨子、燕窩「代」字什錦雞絲。

懷碗菜四品：燕窩金銀鴨子、山雞如意卷、大炒肉燉榆蘑、荸薺蜜製火腿。

碟菜六品：燕窩炒爐鴨絲、炸八件、煎鮮蝦餅、青韭炒肉、青筍晾肉胚、燻肘子。

片盤二品：掛爐鴨子、掛爐豬。

餑餑四品：白糖油糕、苜蓿糕、蘋果饅首、如意卷。

燕窩八仙湯。（以上是晚膳）

晚用：羊肉片氽冬瓜、口蘑火鍋、煨老菜、肉片燉蘿蔔白菜、肉片燜雲扁豆、炸汁、燻肘子、香腸、老米膳、焗米粥、小米粥。（以上是夜宵）

總計早點 5 品，另叫 1 品，早膳 23 品，添安早膳 23 品，午點 23 品，晚膳 25 品，添安晚膳 23 品，夜宵 11 品，一共是 134 品。

飲食習慣的古今異同

從上面的《膳底檔》你可以看出來，清代皇帝的三餐，雖然排場很大，菜品很多，但是說到底，食材都是比較普通的雞鴨豬羊等等，而且口味一般也都是比較平和的，很少有酸、辣等刺激味道。

這既是出於最大程度體現食材的味道的做法，也是清代貴族飲食的一種崇尚。另外，清宮食材十分注意安全，肉多數剔骨，魚一般無刺，燒烤也都是將肉「片」下來的，盡可能地避免讓帝后被骨、刺傷到。這種烹飪習慣，也被今日中國的國宴所繼承。

需要注意的，是對於清代皇帝三餐基本都是「葷食」這一點，現代人很難理解。畢竟我們現代是崇尚「健康飲食」的。而在清代，由於生產力低下，貧富差距較大，「吃肉」其實是很多平民遙不可及的事情。

根據一些學者研究，清代江南的廣大農民，一年之中能夠吃到豬肉或者羊肉的天數只有 20 天而已，其餘的 300 餘天，頂多偶爾吃吃魚類或者雞蛋，基本都是素食。所以，在當時的這種環境之下，「頓頓吃肉」，既是生活追求，也是誇耀貴族身分的一種方式。自然而然，當時的貴族也就不認為經常吃素是「健康」的表現了。其實從很多方面來講，我們今天的日常飲食，雖然排場肯定不及清代皇帝，但是在營養和健康上，反而會比他們更有優勢。

陛下，請看日程表

作為全國第一偶像，你想像過皇帝一天的行程嗎？是今兒個溜出宮微服私訪，明天去後宮聽妃子唱個小曲兒？No No No，事實是皇帝凌晨四點就要起床上班，除了國事纏身，還要每日早讀學習，看完這份乾隆皇帝的日常行程，包你不再幻想當皇帝。

文＝王琳　插畫＝茄子圓兒、THGIN

豆汁無疆

奏

內務府奏

皇上，這是您明日行程，請您過目

4:00　養心殿請駕，更衣。坤寧宮朝祭

5:00　飲冰糖燉燕窩

6:00　中南海同豫軒用早膳，乾清宮西暖閣恭讀聖訓

7:00　更衣，建福宮稍坐，重華宮茶宴

8:00~10:00　與大臣、學士在重華宮對詩聯句

10:00~13:00　於養心殿勤政親賢殿批閱臣工的秘密奏摺

13:00~15:00　於養心殿接見被大臣引薦的官員，養心殿進晚膳

15:00　休息片刻，之後閱覽內閣所進各部院及督撫提鎮本章

16:00　與傅恆「晚面」

17:00~19:00　於養心殿三希堂等處鑒賞文物

19:00　休息片刻（有時還會進晚點或酒膳）

20:00　於養心殿後殿東暖閣就寢

21:00　入眠

乾隆三十年正月初八日

知了朕道

皇上娘娘愛哪味

雍正整日念叨的閩地荔枝，都成了當時的人氣美食。文＝劉樹蕙一插畫＝茄子圓兒

個皇帝的嗜好常能引領一個時代的潮流，比如慈禧每日不離的蜜餞小盒、

清朝的時候，往往是皇上愛吃什麼，大臣就孝敬什麼，民間就流行什麼，一

娘娘，這已經是您吃的第十個豬蹄了。

康熙最愛綽科拉

康熙皇帝對於西洋玩意兒的興趣之濃，大概是清代皇帝中第一名！1706年7月，愛新覺羅·玄燁決定去熱河避暑。在去熱河的路上，康熙下了一道旨意，要武英殿總監造赫世亨向新近來京的義大利籍多羅主教討要藥品，其中有一句：「若有綽科拉亦求取。」所謂綽科拉，就是巧克力（chocolate）。當時的巧克力，主要是泡著喝，於是赫世亨除了進貢了50塊巧克力之外，還讓工匠打製了一套白銀器皿，並用黃楊木特製了用於攪拌的簽子，放入柳條匣內呈進。在奏摺內，赫世亨還細心說明，巧克力可以白糖水溶化，「以黃楊木碾子攪和而飲」。就這樣，康熙皇帝成了第一個吃巧克力的皇帝。

甜黨慈禧

慈禧特別愛吃甜食，她自己曾經說過：「我喜歡糖食，甚至超過對肉的喜愛。」曾經侍奉過她的女官德齡回憶說，有一次她為了搬慈禧喝茶前吃的糖食，一連搬了九次，每次拿兩盤，吃剩下的她就賞給宮眷們吃。她的胃一直不好，很少吃水果，御膳房就把各季的新鮮水果分別泡在蜂蜜裡，製成蜜餞，討她歡心。那時候她住在儲秀宮，在她休息的條山炕上，總放著一些小捧盒，用來盛各種宮廷蜜餞。你去故宮能看見的那些紅漆描金桃式攢盒、畫琺瑯纏枝蓮八寶紋攢盒、淡黃地粉彩花卉紋攢盒，就是用來放這些蜜餞的，方便她隨時品嘗。

甄嬛才不會只吃素呢

甄嬛應該是歷史上最幸福的媽媽了，乾隆三次南巡、三次東巡都帶著她。她住圓明園期間，幾乎都住在長春仙館，因為這裡離皇帝處理政務的正大光明殿很近，方便乾隆給她問安。每次乾隆陪她用膳，總要添上「燒豬爪」一品，她雖然吃齋念佛，以素食為主，但唯獨愛吃豬蹄，那時候她大概還不知道豬蹄的美容功效，膠原蛋白能增加皮膚的彈性，所以到她八十六歲高齡去世的時候，皮膚、頭髮、牙齒都還好著呢。

一騎紅塵四爺笑

在今天，荔枝也是當季才能吃到的水果，在古代的北方吃荔枝就更難了。怎奈雍正皇帝愛吃呢，閩浙總督上書過一份荔枝貢的奏摺，朱批奏摺：「朕甚是喜好吃荔枝。」但後文又寫：「雖然如此，僅是水果而已，並非飯茶，不能充飢，雖可解饞，實與爾等費力……既然爾等已令啟程，盡量少些，無需多捎。」他生怕進貢荔枝引起事端，損害他的好名聲，讓他們少帶一些進京，不過我們的總督大人也是很聰明的，直接用船運了小荔枝樹去，讓皇上永遠不愁荔枝吃。

乾隆為豆汁兒代言

「我為豆汁兒代言！」放在今天，乾隆一定是豆汁兒的形象大使。1753年，乾隆在十月發交內務府的一封諭帖中提到：「近日京師新興豆汁一物，已派伊立布（乾隆朝之大臣）檢察，是否清潔可飲，如無不潔之物，著蘊布（乾隆朝內務府之大臣）招募製造豆汁匠人二三名，派在御房當差，所有應用器具，准照野意膳房成例辦理，並賞給拜唐阿以專責成。」這是豆汁兒的成名之路，被皇帝看上了，拍一拍民間的塵土，搖身成了宮廷膳食。豆汁兒可以生飲，有解毒的功效，而且在炎熱的夏天喝涼豆汁兒可以防中暑，但是不能喝熱的，反而會勾起火氣。所以在宮裡，每到立夏後五天，就停止做豆汁兒粥了，一直到九月分，才又開始做起來。

道光的奢侈品：雞蛋

道光當的大概是個假皇帝，自己不吃肉也不讓後宮吃，夏天的時候不讓吃西瓜只讓喝水，嫁給他是享受不到榮華富貴的，只能穿打補丁的衣服。除了他的摳門出名以外，他愛吃雞蛋也是有名的，最愛吃的就是炒雞蛋。但是宮裡不比民間，一顆普通老百姓家裡只需要三、四個銅板的雞蛋，據傳在宮裡需要30兩銀子，所以他每年都要吃掉上萬兩白銀的雞蛋，十分愧疚。天價雞蛋是因為地方官員的貪汙腐敗和層層盤剝，皇帝再怎麼節儉也沒辦法從根本上解決問題，越節越窮，如果他有能力治一治這貪汙，大概可以輕鬆愉悅地天天吃雞蛋了吧。

火 鍋 一 統 紫 禁 城

袁枚在晚年的最大憾事，是因為身體不好，沒能趕上乾隆皇帝遜位時的千叟宴，
只能充滿豔羨地寫詩送別他的老鄉吳際昌，感嘆自己「路遙無福醉蓬萊」。
其實他大可不必這麼惆悵，因為趕到北京城裡，
他將見到的是自己筆下最令人厭惡的場景：
5,900 多個老頭聚集一堂，吃 1,500 多個火鍋。

文＝李舒｜插畫＝咕嘟｜攝影＝陳超（部分資料來自北京故宮博物院網站）

這世上只有兩種人，愛火鍋的和不愛火鍋的。

這是最簡單的人群二分法，比如寫《山家清供》的林洪和寫《隨園食單》的袁枚，兩個人都是有點小錢的吃貨公子哥，但前者熱愛火鍋，後者則極其厭惡火鍋。林洪在他的文藝清新派飲食筆記《山家清供》裡記載，他遊武夷山時，曾去拜訪一位名叫「止止師」的隱士，正好遇到

雪天，又抓住一隻野兔，但野外山間卻找不到妙手廚師來烹調。隱士說，山野之間一切從簡，只把兔肉切成薄片，用酒、醬、椒調成配料，生起爐子架上半銚水，等到水沸騰後，每人分一雙筷子，各自夾肉片放進水裡涮熟了吃，調料搭配則隨各人的口味。當時，林洪曾慨嘆道：「因其用法，不獨易行，且有團欒熱暖之樂。」又過了五、六年，他去京城臨安，在一位姓楊的友人家裡又見到這種「涮兔肉火鍋」，便寫了首詩作為紀念。詩中有云「浪湧晴江雪，風翻晚照霞」，林洪還給這火鍋起了個文藝的名字，叫「撥霞供」。

相比之下，看起來更接地氣的袁枚在不愛火鍋的問題上顯得有點做作，他厭惡火鍋的理由有兩個，「對客喧騰，已屬可厭」，而且「物經多滾，總能變味」。簡而言之，一是嫌吃火鍋時人多太鬧騰，二是嫌火鍋火候單調，很容易將食材煮過頭，食物的味道會被破壞掉。

袁枚在晚年的最大憾事，是因為身體不好，沒能趕上乾隆皇帝遜位時的千叟宴，只能充滿豔羨地寫詩送別他的老鄉吳際昌，感嘆自己「路遙無福醉蓬萊」。其實他大可不必這麼惆悵，因為趕到北京城裡，他將見到的是最令他生厭的場景：5,900多個老頭聚集一堂，吃1,500多個火鍋。

乾隆是有名的火鍋愛好者，以乾隆五十四年（1789）一年的御膳菜單為例，乾隆在這一年中，起碼吃了200多頓火鍋，開春的早晨，他要吃「燉酸菜熱鍋」和「鹿筋折（拆）鴨子熱鍋」；初夏，御膳房進貢的是「野意熱鍋」和「山藥鴨羹熱鍋」；入秋，他的早飯裡居然還有「燕窩蔥椒鴨子熱鍋」；等到了冬至，終於可以大快朵頤，一頓飯連吃三道含有雞、羊肉和口蘑的火鍋。北京故宮博物院藏有一件乾隆御用銀製火鍋，整體由蓋、鍋、爐架、爐圈、爐盤、酒精碗六部分組成，菊花紋樣十分清新典雅，鍋底還有清晰的炭燒痕跡，可見乾隆皇帝對這件火鍋的使用頻率。

乾隆愛吃火鍋，也愛和大家一起吃火鍋。根據清代檔案的記載，乾隆宴請宗室，經常用火鍋，動不動就擺500多桌，食材除了常見的羊肉，大多是野雞、狍肉、鹿尾等

關外野味。在袁枚沒能參加的千叟宴上，擺出的野味火鍋的配菜有12種：鹿肉片、飛龍脯、狍子脊、山雞片、野豬肉、野鴨脯、魷魚卷、鮮魚肉、刺龍牙、大葉芹、刺五加、鮮豆苗。在大魚大肉之後，懂得在已經沸騰到濃稠的湯裡涮一味碧綠的鮮豆苗，還配了刺五加這樣的中藥材入鍋，我只能說，愛新覺羅一家子，絕對都是資深火鍋迷，因為這一道十二品野味火鍋，是按照乾隆皇帝的爺爺康熙皇帝辦千叟宴時的配菜來的喲！

皇帝愛吃火鍋，六宮的娘娘也當仁不讓。將紫禁城裡的火鍋傳統發揚光大並且持續創新的，是愛新覺羅家最討厭的葉赫那拉──嗯，就是那個貪圖享受的慈禧太后，她的菜單更少不了火鍋。如清代裕容齡的《清宮鎖記》中，曾提到慈禧用膳時的一份膳單，上面有火鍋二品：一是八寶奶豬火鍋，二是醬燉羊肉火鍋。北京故宮《慈展》中記載慈禧太后在光緒十年（1884）十月初七日進膳的一份膳單，上面也有火鍋二品：一是八寶奶豬火鍋，二是金銀鴨子火鍋。老佛爺在火鍋上下的心思，可不比乾隆皇帝少，因為清宮的火鍋多半以羊肉為主，慈禧屬羊，御膳房便很擔心犯上，不能老讓老佛爺吃自己呀。結果，慈禧親自下旨，把東北進貢的獐子肉、野雞、銀魚這三樣，拼成「福、祿、壽」三味，作為過年時才吃的特製火鍋，既避了諱，又飽了口福，吃貨們的小心思真是細。

愛吃火鍋的慈禧太后覺得，如果自己送火鍋給哪個大臣吃，那就表示自己是掏心窩子地信任這個大臣，愛火鍋的人在這點上總是特別單純，她以為這世界上並不存在袁枚這種討厭火鍋的人。戊戌政變之後，慈禧太后一直密謀要廢黜光緒，立大阿哥溥儁為皇帝，便召來大臣徐桐商議。徐桐覲見之後，慈禧便請他吃飯，以示鄭重，她「特撤御筵銀魚火鍋賞之」。結果徐桐吃完一抹嘴，裝瘋賣傻不認帳，絕不同意廢立皇帝，慈禧這頓飯，請得實在冤枉。

慈禧太后的特級定製火鍋，絕不只過年時才有。她對於北平火鍋最大的創新貢獻，是帶動了「菊花火鍋」的風氣。清末民初徐珂的《清稗類鈔》曾記載，京城冬天，酒家經常在桌上放個小火鍋，最流行的莫過於放了菊花瓣的

「菊花鍋」。唐魯孫先生雖然是慈禧太后的死敵珍妃的親戚，卻十分激賞慈禧太后對於菊花火鍋的愛好，吃菊花鍋能清心肺、養肌膚，這大概是慈禧愛此一味的最大理由。

菊花火鍋的最大亮點當然在於菊花，唐魯孫說普通白菊花「花瓣多半呈蟹爪形，花心泛綠，其味苦中帶澀」，而可以食用的白菊，花瓣花心一律純白，袁寒雲在《賓筵隨筆》裡有詳細記載。慈禧太后對於菊花鍋的推崇，讓京城的女客們也蠢蠢欲動。那時候婦女並不被允許吃烤牛肉，冬季下館子，只有涮鍋和羊肉可以選擇。無論是風月場上的女子，還是深宅大院的閨秀，都和慈禧太后一樣，冬天嘴裡淡出個鳥來，幸虧有菊花鍋，好吃解饞且風雅有趣。早年有位紅過梅蘭芳的名坤伶劉喜奎，最喜歡的便是菊花鍋，乃至於只要她出席的應酬場合，主人不管她要不要，都提前叫一個菊花火鍋。

北平的菊花鍋子，以當時八大飯莊的同和堂做的最有名。據說總是點好酒精後才端上來，高湯一滾之後，茶房把料下鍋，再放菊花瓣，蓋上鍋一燜，立刻撤下去分成小碗給客人，因為幾味配菜都很嫩，怕客人操作，吃到的東西太老。同和堂的菊花鍋子湯，用的也不是雞鴨湯為湯底，而是「上好排骨吊的高湯」，菜是鱖魚片、小活蝦、豬肚、腰片和菊花，粉絲和饊子都用頭鍋油炸，所以沒有煙燎子味。所以，一般只有劉喜奎這樣的貴客到場，同和堂才會端出這道拿手菜。

就這樣，在火鍋這件事上，整個北京都達成了一致，從深宮內院到大街小巷，大家都涮涮涮，涮個不亦樂乎。

這麼多款火鍋，你的最愛是哪款？

腰片

鮮蝦

豬肚

饊子

魚片

火 碗

火碗就是清宮「呷哺呷哺」——簡便版的小火鍋。它本身是溫餐用具，宮人們機智地把它也用作火鍋。它由火碗、三腳支架、小酒精碗組成，每部分易組合，可拆分。

粉絲

掐 絲 琺 瑯 火 鍋

火鍋為菱花形，圈足，上附鏨刻鍍金的提手和螭耳。藍色的鍋身上飾紅、黃、藍、白等色團花紋，花紋漫撒周身，疏朗而雋秀。

主鍋
銀壽字鍋

銀 壽 字 鍋

材質為銀鍍金。此火鍋的閉火蓋上雕有鏤空「卍」字紋，鍋體滿布金銀圓「壽」字、長「壽」字、蝙蝠紋等，寓「福壽萬年」之意。火鍋底款署名「泰興樓」，可見清宮火鍋未必全由內務部造辦，部分在民間工坊購得。

錫 製 一 品 鍋

有方形、圓形、八方形等造型。這一款方鍋內有 5 個錫碗，每個碗均配鏨刻花卉圖案的蓋，碗下設有酒精碗。鍋身設有 4 個插孔，並配有 4 個支架，將支架插入孔中即可以承接雕刻花卉的小盤。每個錫碗中可盛不同的湯底和食材，堪稱宮廷豪華升級版的「鴛鴦鍋底」。

雍正，口是心非的酒鬼

雍正皇帝，御批寫作愛好者，一流瓷器鑑賞家，資深cosplay（角色）扮演者，大清勤政第一人，但他到底是不是傳說中的酒徒呢？文＝蔣小娟

宮廷畫家　《雍正帝行樂圖》

雍正十三年（1735）八月二十二日，雍正皇帝突然得病，當晚匆忙召見朝中重臣，宣布傳位給乾隆。第二日，他便在圓明園駕崩。皇帝短短一日內猝死，原因眾說紛紜：有說他過勞死，有說他服用了過量丹藥，也有說是好色酗酒所致。

那麼，雍正真的是傳說中的酒徒嗎？

我們先來聽聽四爺的自我陳述。雍正自登基以來，一直飽受流言非議。雍正六年（1728），漢族文人曾靜公開宣揚雍正即位不法的言論，並企圖煽動當時的川陝總督岳鍾琪起兵反清。岳鍾琪假裝同意，套出曾靜的口供後，立即逮捕押送京師。

曾靜一案也許讓雍正感受到了一場全國性的輿論危機，他決定逐一回應曾靜等人指責他的十大罪狀，合成《大義覺迷錄》，刊版發行，要求朝廷上下，地方官吏人手一冊，並向百姓宣講，堪稱大清皇室危機公關第一人。

現如今翻看《大義覺迷錄》，不得不稱讚四爺的靈魂深處住著一位特稿記者和一位新媒體編輯。全書一問一答，情緒飽滿，每一章節的標題都自帶「10 萬個為什麼」風格，比如：「清朝統治八十年後，造成地塌天荒，神哭鬼號嗎？」「雍正錢發行不久，不能普遍流通，你便造謠『雍正錢，窮半年』，是何居心？」堅持用人民群眾願意聽、聽得懂、聽得進的方式做思想工作。

其中四爺最掏心掏肺的一章題為「朕到底是不是謀父、逼母、弒兄、屠弟、貪財、好殺、酗酒、淫色、誅忠、好諛、奸佞的皇帝？」好了，我們來看看關於酗酒，四爺給出的官方回應：

又逆書謂朕為酗酒。夫酒醴之設，聖賢不廢。古稱堯千鐘，舜百榼，《論語》稱孔子惟酒無量，是飲酒原無損於聖德，不必諱言。但朕之不飲，出自天性，並非強致而然。前年提督路振揚來京陛見。一日忽奏云：「臣在京許久，每日進見，仰瞻天顏，全不似飲酒者，何以臣在外任，有傳聞皇上飲酒之說。」朕因路振揚之奏，始知外聞有此浮言，為之一笑。今逆賊酗酒之謗，即此類也。

首先，四爺斬釘截鐵地稱自己不喝酒——「朕之不飲，出自天性，並非強致」，從 DNA 層面否定了傳聞；接下來，引用了路振揚面聖時所言「全不似飲酒者」來從旁佐證；最後，姿態頗高地補了一句：才知道外面有這種傳言，「為之一笑」。這就算放在今天也是公關稿寫作範本。

雍正未繼位之前，小心謹慎，為博得康熙好感，他假裝潛心佛道，以「天下第一閒人」自居。既是修道，必不可酗酒，至少不能表現出來。但雍正真的不愛喝酒嗎？

答案藏在雍正元年（1723）四月十八日他回覆給撫遠大將軍年羹堯的奏摺中：「在寧夏靈州出一羊羔酒，當年進過，有二十年寧夏不進了，朕甚愛飲，尋些來，不必多進，不足用時再發旨意，不要過百瓶，密諭。」

羊羔酒，一要就是一百瓶！四爺您不是說「朕之不飲，出自天性」嗎？

這種讓雍正「逆轉天性」的羊羔酒到底是什麼酒？真的有羊羔嗎？《本草綱目》裡記載了羊羔酒的釀造古方：「用米一石，如常浸漿，嫩肥羊肉七斤，麴十四兩，杏仁一斤，同煮爛，連汁拌末，入木香一兩同釀。勿犯水，十日熟，極甘滑。」

羊羔酒裡真的有羊，與杏仁、酒麴、浸好的米一同煮爛，加入木香，封存個十天。這種以肉入酒的方子，並非羊羔酒獨一家。廣東佛山著名的「玉冰燒」（原名「肉冰燒」）就是把米酒與熟豬肉泡在一塊兒，封缸半年而成。與一般酒不同，羊羔酒要趁新鮮，越陳反而越不香，而且基本上放不過夏天。所以四爺非常內行地說「不必多進，不足用時再發旨意」。

雍正一生最為勤政，從不南巡北狩，只愛批摺子。中國第一歷史檔案館匯編的《雍正朝漢文朱批奏摺匯編》足足 40 冊，約 2,800 萬字。不知那些成為故宮禮品店暢銷商品的金句「朕就是這樣漢子」、「朕亦甚想你」，是否是雍正爺在紫禁城的燈影搖曳下，就著一杯杯羊羔美酒寫下的。

清宮酒水單

玉泉酒
代言人：乾隆

「朕不生產水，朕只做大自然的搬運工。」

玉泉酒因玉泉水得名，乾隆帝曾下令用一個銀斗來給各地泉水稱重，以評天下水的高下。評選結束後，玉泉被欽定為「天下第一泉」，此後皇宮用水皆用玉泉水。取春、秋兩季的玉泉水，用糯米一石、淮麴七斤、豆麴八斤、花椒七錢、酵母八兩、箬竹葉四兩、芝麻四兩，即可造玉泉美酒九十斤。玉泉酒除了是歷代皇帝的常備酒，連御膳房做菜，都常用玉泉酒調料，絕對是清宮酒類人氣款。

「聽說你們現代人的奶茶都是粉沖的？哎喲，真是罪過罪過。」

奶茶
代言人：皇帝 太后 後宮三千佳麗

奶茶，絕對算宮裡的第一飲品，除了作為帝后以及眾妃嬪的日常飲料，還榮登各大筵席，就連各種神祖祭祀，都離不開奶茶。為了喝到優質的奶茶，清宮還曾專門聘請蒙古熬茶人，專門熬茶。清宮奶茶的製作過程是：取牛乳一鏇子（一鏇為三斤三兩），置桶內加奶油二錢、黃茶一包（二兩重）、青鹽一兩，然後置火上熬煮，即成。

「朕整日被問長壽秘訣，真沒啥，就喝酒，使勁兒喝！」

除了玉泉酒，宮廷御酒中的著名酒款還有被乾隆皇帝實力代言的松苓酒。釀製此酒需要採深山古松挖至樹根，將酒甕開蓋埋在樹根下，使松根的液體被酒吸入，一年後挖出，酒色一如琥珀，味道醇美。據說，乾隆皇帝常年有節制地飲用此酒，所以有人推斷乾隆壽躋九旬、康莊日健，都是松苓酒的功勞。

八珍湯
代言人：慈禧

八珍其實就是指八種原材料合製，或用八種調料烹飪某一食品得名，每個朝代的「八珍」都各有特色。清朝時期，食材愈加豐富，八珍選料早早就超越了週八珍、元八珍，著名的八珍系列有八珍糕、八珍湯、八珍雞等等。八珍湯，是夏天喝的一種飲料，因為慈禧萬年氣血兩虧，就以常用的八種藥物加小米、薏仁、冬瓜皮熬八珍湯喝。八珍湯既有藥效，又無藥味，非常適合不愛吃藥又沉迷於吃的帝后們。

松苓酒
代言人：乾隆

「今兒吃多了，小李子，快把哀家的健胃消食湯端來。」

說到宮裡的吃食，即便不是行家也能從影視劇裡知道幾個菜名兒，再不濟總還聽過御膳房。但是，對於宮廷飲品大家始終頗為陌生，你知道清宮裡的流行飲料是什麼嗎？

文＝王琳 插畫＝茄子圓兒、肉子

「給朕傳御茶膳房的人來，這酸湯子不能再喝了，朕又胖了三斤！」

酸梅湯
代言人：乾隆

滿族人喝酸是有歷史的，因滿族人好漁獵，又是「肉食動物」，於是開發了酸湯子搭配食物。不過酸湯子是由玉米粉發酵而成，糖分高，為了減肥，乾隆帝就下令進行調整。領命後的御茶膳房絞盡腦汁，終於調製出了能替代酸湯子的飲品——酸梅湯。宮裡的酸梅湯由香薷、烏梅、陳皮、山楂、桂花、冰糖等材料一起熬煮而成，是夏季的解暑良品。

「彩霞，下午把哀家的行程都給空出來，哀家要專心做玫瑰露。」

玫瑰花露
代言人：慈禧

老佛爺是個十足的玫瑰控，吃、喝、用樣樣離不開玫瑰。做玫瑰露、玫瑰花露水、玫瑰油，甚至還要用玫瑰來做胭脂、口紅等等。清初來北京的比利時傳教士南懷仁，曾在《西方要紀》中描寫花露的時候稱：「其名玫瑰者最貴，取煉為露，可當香，亦可當藥。」就連《紅樓夢》裡見過大世面的賈府女眷也曾對玫瑰花露讚不絕口：「一碗水裡，只用挑上一茶匙，就香的了不得呢。」

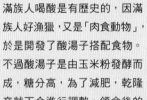

「菀姐姐下次可別亂吃減肥藥了，前幾日喝了皇上賜的茶膏，我這小肚子馬上就消了呢！」

普洱茶膏
代言人：後宮三千佳麗

清朝的茶，需要煮過才可飲用，喝起來多少有些麻煩。普洱茶膏提前處理過，方便程度堪比「即溶茶包」，屬於貢品。進入清宮的普洱茶膏，擔當了「減肥茶」的角色，后妃們平日運動少，吃得又有些油膩，時間久了難免抑鬱。刮油的普洱茶膏一出現，立馬受到了後宮小主們的熱烈追捧。另外茶膏還有解毒功效，被蚊蟲叮咬後點水擦一下，效果不比花露水差。

心機 BOY 下江南

乾隆皇帝六下江南，究竟是為了什麼？說到底，還不是為了口吃的。
誰叫蘇州菜那麼好吃呢？ 文＝林南芝｜插畫＝突突、茄子圓兒｜攝影＝喻彬

乾隆一生六次南巡，在蘇州停留的時間最長，在這個過程中江南風物被零星地引入宮廷，不能不說的就是他追隨半生的蘇造菜，也為蘇州永遠留下一絲歷久彌新的帝王留駐的色彩。

初九日，宮殿監督領侍李英、蘇培盛、謝成傳旨：皇太后五十萬壽著怡親王、內大臣海望查例具奏。欽此。於本年五月十二日謹擬得圍屏、寶座、冠袍、陳設、古玩等件及宴名繕寫黃摺，分作三日恭進，轉交謝成等轉奏。奉旨將摺欽改：大宴不必，著改蘇宴三日……

這是北京故宮一份乾隆六年（1741）的活計清檔，出自《清宮內務府造辦處檔案匯編》，裡面顯示乾隆六年四月，乾隆還不曾下江南的時候，宮廷檔案中已出現「蘇宴」二字。這裡頭的蘇宴，相當正式。皇太后五十壽辰，皇帝特下旨，著改蘇宴三日。這在當時尤為稀奇，在重大節慶日子裡設宮廷宴，很少有以地方菜命名，而在皇太后生辰日，改大宴為蘇宴，

可見其具備十足的特賞資質，哪怕是列於大宴之下退而求其次，也應是地方菜中的花魁。

蘇宴就是蘇州廚師在宮廷製作的蘇式菜餚，從蘇州挖廚子來紫禁城，這在康乾時代蔚然成風。乾隆四十八年（1783）圓明園膳底檔中，「蘇宴」是很惹眼的字眼：「著紫檀木蘇宴桌一張」、「傳旨：蘇宴一桌」、「十四、十五、十六，此三日伺候上蘇宴」，更有在「正大光明設擺上用蘇宴一桌，用器皿庫蘇宴桌一張」。蘇州菜不但是放在紫檀木的蘇宴桌上，而且是要放在正大光明殿上享用。正大光明殿是明清兩代中國最高統治者理政的地方，而紫檀木則是木中之王，可見其受重視度。在北京故宮宮廷部近來的研究中，蘇州菜大概在明代就進宮了，蘇菜一度成為民間宴請風尚。

明清兩代對於宮廷美饌的追求，到了清代，尤其是乾隆年間達到巔峰。和他爺爺康熙提倡節儉風不同，乾隆一生是個熱愛風物之美、講求口腹之欲的風流倜儻之君。那時菜餚的製作工藝的精細化程度，乃至菜式融合的趨勢都有所發展，乃至基本定型。乾隆六次南

巡的另一不經意之功是給滿漢全席的形成做了最後的鋪墊和準備。清代宮廷菜系，也是中國古代宮廷菜系最後在乾隆的手上定型，而此後的民國乃至現在中國菜的大體面貌，包括烹飪的方式方法，都沒有能跳出清代《隨園食單》的範疇。

清代宮廷菜主要由三種不同的特色組成：第一是山東菜；第二是滿族食物，以牛羊肉、鳥禽等為特色；第三就是以蘇杭菜為主的南方菜式，但始終沒有成為北京菜式的基礎和底色，原因在於它是鎖在深宮、平凡人無緣接觸的帝王御膳。但如今北京城裡聞名的滷煮，據說其製法是效仿蘇造菜中的櫻桃肉，平民吃不起那肥瘦相宜、晶瑩亮澤的整塊五花肉，卻將它的製法用於了豬下水。

至今，乾隆到蘇州的真正「菜譜」卻一直深藏故宮，大量蘇幫名菜埋沒在故紙堆中。由中國第一歷史檔案館編輯出版的《清宮御檔》是 1949 年後第一部以宣紙印刷、線裝出版的明清檔案文獻，共分五函，《清宮御膳》為第一函，收錄了乾隆三次南巡時的御膳檔案。從乾隆在獅子林吃的春筍炒肉片，到在穹窿山吃的燕筍酥雞，乾隆皇帝下江南吃到的蘇幫大菜，居然都出現在這部整理匯編出的五卷《清宮御膳》乾隆南巡膳食檔中，「裡面收錄了五、六百道蘇幫大菜」。

這是清廷的蘇幫菜軍團第一檔案，哪怕是如今的蘇州也湊不滿五、六百道蘇菜，但

這些年來，有蘇菜研究者一直致力於調查蒐集清帝下江南織造府時的菜譜，企圖恢復這五、六百道菜。《清宮御膳》裡的菜類之巨讓人只能在歷史的灰塵中臆想那個封建盛世的悠悠回光之返照，就舉乾隆三十年（1765）二月廿六日一例，「乾隆在蘇州府早膳，菜譜有春筍燴糟雞、八寶鴨子等；廿七在獅子林早膳，有蓮子酒燉鴨子、鍋燒雞雲片、春筍炒肉片等；廿八在靈岩山行宮晚膳，有黃燜雞酒燉肉、白鴨子燉豆腐等；廿九在穹窿山行宮早膳，有燕筍酥雞等」。

據說，當蘇州人第一次看到《清宮御膳》時，竟不相信這是皇帝的食譜，因為此食譜除燕窩外幾乎都是蘇州老百姓平時吃的菜餚，連菠菜豆腐湯、老鹹菜都有，是一些極普通的食材。蘇州菜向來講究「不時不食」，隨時令轉換是其一大特徵，所以本味是第一要義，而非名貴。乾隆下江南前，皇族在隆重的節慶日最為豐盛的菜品之一是白水豬肉，不蘸醬料，哪怕蘇菜入宮後，烹調也以不加調味劑為最高。所以技法在色香味的體現中尤見高低，當時的一個慣例是蘇州織造府會在蘇州蒐羅各官宦人家的名廚，並在皇帝南巡時使集中起來的廚子輪流獻菜，合口味的便以重酬被帶回紫禁城。

乾隆的一頓早飯都可能是數人參與製作。據《清宮御膳》裡記載，乾隆十九年（1754）十月十四日的早餐，第一道是「肥雞鍋燒鴨子雲片豆腐」，這種做法基本上是亂燉；燕窩火腿鴨絲一品，廚師是常二；清湯希爾古

老鴨湯

沒有一隻鴨子可以從清宮帝后的嘴下溜走，乾隆五十三年（一七八八）七月初七「七巧節」，乾隆早膳裡便有酒燉鴨子、托湯鴨子、清蒸鴨子。

一品，拈絲鍋燒雞一品，廚師是榮桂；肥雞火燻白菜一品，三鮮丸子一品，鹿筋狍肉一品，廚師是常二……這些掛頭牌的名字中，不可忽視的一位是張東官。

清朝設立的蘇州織造府是乾隆每次南巡的駐蹕之處，不僅為皇室置辦成衣、衣料，還是皇帝的行宮。乾隆三十年（1765），乾隆在織造府吃到了一道冬筍炒雞，這是織造府廚役張東官的一道「獻藝菜」。據說那次南巡中乾隆指明要普福家廚役做膳（張東官也在內），日日用膳皆為蘇州菜。即便離開蘇州繼續南下，依然有「上傳叫蘇州廚役做燕窩膾五香雞一品」、「上傳叫蘇州廚役做燕窩膾鴨子一品」諸類記。

也是在這一年，張東官被帶回紫禁城，編為御廚，被安排在長蘆鹽政西寧家裡住。張跟隨乾隆做膳19年，不僅負責蘇造菜譜，兼修各地融合菜，還要記錄編檔。蘇造菜也稱蘇灶菜，源於皇宮中所設的蘇州廚房——蘇造（灶）舖，朝中的蘇州菜記錄散落在各種檔案裡，有御膳檔，有《蘇造底檔》，有皇帝下旨設蘇宴之檔，有蘇州織造府官員奏摺中的菜餚之檔。張東官成為宮中「江南第一名廚」，也是蘇菜入宮的一開天闢地之人，從此蘇幫名廚不斷入宮，蘇造肘子、蘇造丸子、蘇造肉等蘇幫菜成

了宮廷名菜，就連醬也出現「蘇造」。

清宮檔案記錄了乾隆正月裡的菜品：

正月十一日未正，同樂園進晚膳。用填漆花膳桌，擺肉丁酒燉鴨子熱鍋一品（張東官做）……
正月十二日寅正二刻請駕，卯正淳化軒進早膳。用填漆花膳桌，擺燕窩膾五香鴨子熱鍋一品（張東官做）……
正月十三日未初三刻，同樂園進晚膳。用填漆花膳桌，擺燕窩把酒燉鴨子熱鍋一品（張東官做）……
正月十八日未初二刻，同樂園進晚膳。用填漆花膳桌，擺山藥火燻蔥椒鴨子熱鍋一品（張東官做）……

看來乾隆很喜歡吃鴨子，這是江南閭里家常的菜餚。滿族人從生猛的飛禽吃到精細的走禽，可見需要多少江南御廚去征服遊牧民族的胃。拿正月二十八日的一頓完整菜譜為例，乾隆的膳食已經鴨必不可少了。「九州清晏進晚膳，用填漆花膳桌，擺松雞鍋燒肘子熱鍋一品（張東官做）；紅白鴨子燉白菜熱鍋一品，燕窩冬筍白鴨子一品，口蘑冬筍鍋燒雞一品，后送冬筍炒肉一品，鴨丁炒豆腐一品（此五品舖內伺候）；蒸肥雞塞勒卷攢盤肉一品，蘇造鴨子、肘子、肚子、肋條肉攢盤一品……蘇造肉一品，共一桌，上進畢，賞用。記此。」

就這樣，在蘇州菜的加持下，清宮北風凜冽的新年，多少有了些江南水鄉的煙雨色。

素燒雙冬

營養價值極高的經典魯菜，取冬筍最上的嫩尖和泡發好的冬菇小火燜燒而成，輔料中適當加些蠔油會更加入味。

松鼠鰦魚

聞名全國的經典蘇菜，在清朝《調鼎集》中記：「取季魚，肚皮去骨，拖蛋黃，炸黃，作松鼠式。油、醬油燒。」

小菜不小

你以為皇帝天天大魚大肉，不吃醬菜？南宋國宴裡，宴請金國使者，最後一道菜，便是水飯醬菜。深宮御膳，除卻那些精巧別緻的宮廷菜，清朝的皇帝娘娘們，對於醬菜並不陌生。醬菜的首要功能，是憶苦思甜。為了讓歷任皇上能時刻銘記先帝南征北戰所歷經的艱辛，便將先祖行軍過程中所吃的醬胚和野菜加以改造，延續至宮廷膳食之中。久而久之，醬菜便成了皇帝正餐四十八品中的常客。但皇上並不單單把這些醬菜當作「看菜」，乾隆皇帝的酒饌膳單裡、慈禧太后的下午茶點裡，都有它們的身影。這些醬菜，在今天平民的餐桌裡，仍然可以一見端倪。 文、圖＝孫雲鏑

豆豉

以黑豆或黃豆為主要原料，利用細菌蛋白酶的作用分解蛋白質，抑制酶的活性，透過延緩發酵過程製成。顏色大多為黑色。

醬八仙菜

由白蘿蔔、筍尖、蓮藕、薑等 8 種原料醃製而成。原料混合鹽醃，約一週後取出瀝乾鹽水並與醬液拌勻，醬製 60 天左右即成。

醬薑

新鮮生薑用清水洗淨瀝乾，進行鹽醃。約 15 天後取出，瀝乾鹽水，加入甜麵醬拌勻，夏季 1 個月，冬季 2 個月後即可食用。

醬蘿蔔乾

蘿蔔改刀切條，鹽醃約 3 天，瀝乾鹽水後進行充分晾曬，然後裝入布袋，以 1：1 的比例與醬油混合，約半個月後即可食用。

醬小王瓜

即醬小黃瓜。將小黃瓜洗淨，瀝乾水分，切條後進行鹽醃。約 3～4 天後，取出並瀝乾鹽水，與甜麵醬拌勻，約 10 天即可食用。

醬豆角

將鹽、蒜、薑、花椒、八角、白糖放入涼
開水中泡 20 天成料湯。豆角去筋洗淨瀝乾，
放入料湯並加入白酒，醃製 10 天即為成品。

醬王瓜

即醬黃瓜。將黃瓜洗淨瀝乾水分，切條後
進行鹽醃，約 3～4 天後，取出黃瓜，瀝乾
鹽水，與甜麵醬拌勻，醬製 10 天即可食用。

醬青筍

青筍去皮切段，將青筍段與鹽按 6：1 的比
例混合醃製 2～3 天。取出瀝乾鹽水，與甜
麵醬混合均勻，繼續醃製 8 天後即可食用。

醬香瓜

取整顆香瓜，洗淨後瀝乾水分，進行鹽醃。
約 7 天後，取出香瓜並瀝乾鹽水，與甜麵
醬拌勻，繼續醃製 1～2 個月後即可食用。

滷蝦芹菜

新鮮芹菜去根莖和葉子，切段焯水後並過
涼水。瀝乾水分後用鹽抓勻，醃製 16 小時。
再次瀝乾鹽水後加入蝦油繼續醃製即可。

醬杏仁

杏仁用沸水焯製，去澀，控水 5～6 小時。
然後裝入布袋，以 1：2 的比例混合杏仁和
甜麵醬，每天攪拌 4 次，1 個月後即為成品。

滷蝦豇豆

新鮮豇豆摘去兩端，洗淨並晾乾水分，加
入粗鹽揉搓均勻後進行鹽醃。一週後取出
並瀝乾鹽水，加入蝦油繼續醃製 10 天即成。

醃春不老

新鮮雪裡蕻洗淨後在陽光下曝曬一天。將
菜和鹽以 10：1 的比例混合，以一層菜一層
鹽的方式擺放入罐中，1 個月後即可食用。

「如懿」失寵的秘密

作為清代唯一沒有諡號的皇后，那拉氏為何遭到乾隆皇帝如此厭棄？
這就要從乾隆三十年的南巡說起。 文＝李舒｜插畫＝茄子圓兒、TIUGIN

誰是乾隆皇帝最愛的女人？這大概是一個千古之謎，是與他結髮情深的孝賢皇后，還是為他生下長子的哲憫皇貴妃，抑或是後來當上嘉慶皇帝的皇十五子之母孝儀皇后，又或者是民間傳說的「香妃」？這位風流天子在位 60 年，後宮嬪妃如流水一般，實在是「你方唱罷我登場」。

不過，要論誰是乾隆最討厭的妃嬪，大約只能是被廢的皇后那拉氏了。乾隆皇帝大概怎麼也無法想到，在他死後數百年，他最討厭的妃子居然可以成為電視劇最熱門的 IP 之一，短短十年不到，那拉氏已經從《還珠格格》中的壞心眼皇后，一躍成為《如懿傳》中為愛倔強的絕代佳人。

有一個問題一直為所有人猜測，那拉氏究竟是何時被廢？在南巡的船中，究竟發生了什麼事情？在乾隆皇帝第四次南巡的菜單裡，卻暗藏玄機。

這一年，是乾隆三十年（1765）。元宵節剛過，乾隆皇帝的第四次南巡開始了，這次南巡的隨行者是皇太后、皇后（即那拉氏）、令貴妃、慶妃和容嬪（即傳言中的「香妃」）。

當年二月初十乃是皇后的生日，乾隆的南巡車駕駐蹕江蘇淮安府桃源縣（今泗陽縣）陳家莊行宮。這一天，乾隆給皇后那拉氏過了一個歡快而熱鬧的生日。據當值史官的記載，皇后千秋節之日，帝后同堂，賞賜有加，「備極歡洽」，早晚兩次還賜予了菜餚。

賜菜，就是皇帝把自己的膳食送給嬪妃和大臣，據乾隆三十年二月十七日御膳底檔的記載：乾隆皇帝在九峰園吃早飯，用折疊膳桌擺：鴨子火燻炖豆腐熱鍋一品、燕窩火燻肥雞絲一品（此二品係宋元做）、羊烏叉燒羊肝攢盤一品、竹節卷小饅首一品。高恆進酥雞一品、燕窩炖豆腐一品、水晶肘子一品、糟鴨子一隻、雞蛋糕一品、卷澄沙包子一品、銀葵花盒小菜一品、銀碟小菜四品。隨送鴨子肥雞蘇片燙膳一品。額食三桌：餑餑九品一桌，內管領爐食四品、盤肉四品，八品一桌，羊肉二方一桌。吃完飯，乾隆下旨，賞皇后炖豆腐一品、令貴妃肥雞一品、慶妃糟鴨子一品、容嬪攢盤肉一品。晚膳吃完，四位嬪妃依舊得到賞賜，皇后得櫻桃肉一品，令貴妃得鴨子一品，慶妃鴨羹一品，容嬪得到的則是一盤小餑餑。雖然只是一盤菜，雷霆雨露，莫非天恩，這當然是榮寵和恩遇的表現之一。

值得一提的是，在四位嬪妃的膳單中可以發現一些有趣的細節。容嬪出身回部，她的飲食多為羊肉，在山東時，當別的嬪妃被賜予「五香豬肚」和「豬皮凍」時，容嬪的賜菜是「羊他他士一品」。而令貴妃顯然更對家禽類感興趣，她的膳食中，不是「肥雞」就是「燕窩鴨子」，甚至還

有「雞冠肉」，這些在皇后那拉氏的飲食中都沒有出現——這位性格皇后的飲食更為清淡簡單，以白菜豆腐和熱鍋為主。

變化大約是從閏二月十八日開始的。這一天早膳的時候，一切都很正常，那拉氏照常得到了賜菜，「攢盤肉一品」，但到了晚膳時分，一個奇怪的事情發生了，令貴妃獲得賜菜「白菜一品」，慶妃獲得「蓮子鴨子一品」，而容嬪則被賜予「爆炒雞」一品，唯獨皇后沒有得到賜菜。這也就說明，皇后冒犯皇帝，大約就是在上午吃完飯之後到午飯之前，從辰時初刻（早上7：15）到未時二刻（中午13:30）。

有意思的是，這一天記錄檔案的人，也許因為寫順了手，一開始還是為首寫上「皇后」，後來擦去，改為「令貴妃」起首，這擦改的痕跡，至今可見。

在這之後，每次賞賜，均只剩令貴妃、慶妃、容嬪在場。在皇宮的賞膳底簿上，皇后的名號被貼住，代之以皇貴妃之名，從此再不見皇后的名號了。

瞭解皇后失寵的時間，對於破解帝后失和的原因頗為關鍵。野史上說，乾隆是因為皇后對於皇帝狎妓的不滿才疏遠她的。如許指嚴在《南巡秘記》中說，乾隆到江南後四處尋歡作樂，甚至將美妓帶入龍舟陪侍，皇后勸諫未止後反被乾隆打了耳光，那拉氏一怒之下遂將頭髮全部剪去，

以示抗議。印鸞章在《清鑒綱目》記「帝后反目」一事即云：「三十年閏二月，帝在杭州嘗深夜微服登岸游，后為諫止，至於泣下。帝謂其病瘋，令先程回京。」

但既然是在上午發生的爭執，那恐怕皇后當場撞見皇帝狎妓的可

能性不大，當然，也很有可能是皇后在前一晚聽說了狎妓的傳聞，決定第二天早飯之後進行勸誡。根據乾隆皇帝自己的說法，皇后當時「斷髮」（在滿人的習俗裡，只有喪父母和夫君方可斷髮），觸怒了自己。當日，便下旨，由額駙福隆安扈從皇后由水路先程回京。皇后回宮後，每日所用吃食、柴炭份例具照撥用，伺候太監五名，廚役二名，其餘存下太監三名於西暖殿膳房隨營當差。

乾隆三十年五月十四日，乾隆帝將那拉氏皇后的夾紙冊寶四份收回；其中皇后一份、皇貴妃一份、嫻貴妃一份、嫻妃一份，實際上等於將皇后進宮三十年來所有冊封全行銷毀。這位可憐的女子成了名副其實的「黑戶」，而這一年閏二月十八日究竟發生了什麼，也隨著她的去世，成為永遠的秘密。

水煮蛋

炒雞蛋

不愛江山愛雞蛋

從精緻的蘇州菜到簡單的雞蛋炒肉，大清的國運似乎也藏在皇帝們的食單中。
乾隆的「大時代」已過，而始於道光的「小確喪」才剛剛開始。

文＝蔣小娟｜插畫＝茄子圓兒、TIUGIN

　　民間老百姓對宮廷生活的想像大抵如本書開篇引用的魯迅先生的那則故事一般，無外乎頓頓雞鴨魚肉，白米白麵管夠。但真有一位皇帝，確實過著這種民間想像中的生活。他是清宣宗道光。

　　道光的運氣實在不算好，康雍乾盛世已過，他的老子嘉慶帝算是勉力維持了大清表面上的繁榮，等到了他這裡，清朝已明顯地走上了下坡路。鴉片大量輸入，白銀大量外流，軍備廢弛，國庫空虛；而在這樣的內憂外患中，道光帝能想到的應對之策居然是——節衣縮食。

　　道光帝最被人津津樂道的就是「節儉」。1821 年，道光元年，剛登基的道光皇帝，首先發表了他的施政綱領《御製聲色貨利諭》，並讓全國各級官員認真學習，深入領會。道光皇帝作為發起人，帶頭在紫禁城裡過上了手頭拮据的日子。

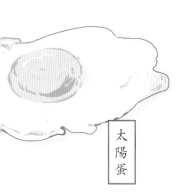

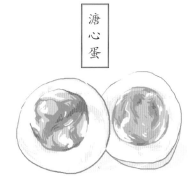

太陽蛋

溏心蛋

煎蛋

　　皇帝大人身著打補丁的舊衣服，用著普通的筆墨紙硯批摺子。在吃的方面更省，道光帝一年四季的飲食都是以「五品」為限，即每日早晚兩膳菜餚，餑餑各五品。宮裡除了太后、皇帝和皇后外，其他人非節慶不得吃肉。夏季，帝后每日都要吃西瓜解暑，道光帝覺得吃西瓜浪費，在最熱的三伏天明令太監：「明日取消西瓜，只供水。」

　　即使是除夕和元旦的膳食，道光帝仍嚴格遵守「節儉」二字。道光七年（1827）的除夕早膳是：「鴨子白菜鍋子一品，海參熘脊髓一品，熘野雞丸子一品，小炒肉一品，羊肉燉菠菜一品。」第二天，即道光八年的正月初一，早膳是：「澆湯煮餑餑一品，羊肉絲酸菜鍋子一品，熘鴨腰一品，鴨丁炒豆腐一品，雞蛋炒肉一品。」

　　大過年的吃雞蛋炒肉，對於皇家而言，實在有點寒酸。但道光皇帝卻不這麼認為，他愛吃炒雞蛋，幾乎頓頓少不了。同時他也深信不疑：每天吃炒雞蛋已是非常奢侈了。

　　清代歐陽昱所著《見聞瑣錄》曾記錄道光皇帝與潘文恭公的一段對話：「宣宗偶問之曰：『外間雞卵一枚，所值幾何？』文恭不敢直對，游移其詞曰：『價昂則七八十枚，價賤則八九枚。』宣宗大笑曰：『朕食一雞卵，需錢一千二百枚。』」市價八九枚的一個雞蛋，內務府給皇帝的報價卻是一千二百枚，中間卡了多少油水可想而知。《清稗類鈔》上還有一個版本：道光問軍機大臣曹振鏞吃的雞蛋多少錢，曹振鏞當然知道內務府的水有多深，不願輕易得罪人，直接就說「臣少患氣病，生平未嘗食雞卵，故不知其價」。可憐兩耳不聞宮外事的皇帝，吃個雞蛋都誠惶誠恐。

　　吏治如此腐敗，道光帝所倡導的艱苦樸素完全成為形式主義，大臣們穿著打著補丁的朝服，實則欺上瞞下，中飽私囊。這其中的門道，道光並非不清楚。有一次端午節，道光與大臣周文勤閒聊，說到吃粽子，問：「有白糖否？」曰：「有。」「其價若干？」曰：「一斤約百枚。」道光大笑起來，說：「朕食此一小盤白糖，需銀十二兩。」（道光皇帝是粽子的甜黨。）皇帝也不是傻子，十二兩白銀一小碟的白糖，簡直是天方夜譚，但也只能不了了之。道光才幹平庸，無力整頓吏治。在國力日漸衰落之際，不謀改革，不思善治，終日靠宮中節衣縮食，根本是本末倒置。

　　所以有人將道光的統治與他祖父乾隆相比較，「豈愈奢則愈豐，愈儉則愈吝耶」？越奢侈反而越豐盛，越節儉反而越拮据。從精緻的蘇州菜到簡單的雞蛋炒肉，大清的國運似乎也藏在皇帝們的食單中。乾隆的「大時代」已過，而始於道光的「小確喪」才剛剛開始。

　　不過道光皇帝倒是一名「女兒奴」。清宮規矩，公主出嫁、皇子成婚，皇帝都要賞賜整桌的飯菜。道光二十五年（1845）五月初八日，道光的女兒出嫁。御膳房據單奏摺「賞過公主、額駙飯菜兩桌」，每桌「大碗菜兩品：燕窩福在眼前金銀鴨子、萬年青蜜製奶豬。中碗菜四品：燕窩如意肥雞、雙喜字鴨羹、肥鴨瓤長生果、芙蓉雞。懷碗菜四品：燕窩鴨條、雞皮熘海參、鹿筋火腿、鮮蝦丸子。碟菜四品：海參拌燕絲、碎熘小雞、炒麵魚、雲扁豆炒肉。片盤兩品：掛爐鴨子、掛爐豬。餑餑四品：喜字黑糖油糕、喜字白糖油糕、喜字豬油餡饅首、喜字澄沙餡饅首」。

　　於道光而言，這可是天大的破費了！

愛吃下午茶的
老佛爺有點可愛

如果要穿越回去和一位古人吃頓飯，你會選擇誰？我會選慈禧，在一個風和日麗的午後，坐在御花園裡吃頓下午茶，因為在對待下午茶這件事上，慈禧一點也不比現代女性敷衍，她有自己的少女心。 文＝劉樹蕙｜攝影＝陳超

一個女人如果缺少愛，就一定會從其他方面找補。

有的人是從衣裳裡，有的人從食物裡。比如張愛玲，從小就妒忌生母身穿華服，大了之後對於時尚的理解就是：「既然不是美人，又沒有特點，不用這些奇裝異服來招搖，怎麼引得起別人注意？」

而對於慈禧來說，幸福感一定來源於美食。

因為作為女人，慈禧在愛情上是缺失的。咸豐之於她，不是沒有愛，而是不敢愛，總在提防她的智慧和冷靜，死前留給皇后一道密旨：「唯朕實不能深信其人，此後如能安分守法則已。否則汝可出此詔，命廷臣傳遺命除之（清·惲毓鼎《崇陵傳信錄》）。」31 歲就早早離開人世的咸豐留下的這道密旨，實在讓人寒心。慈禧卻是到死都戴著咸豐送她的珍珠耳釘，從 25 歲就守寡，一生沒忘了咸豐。

在此後這將近 50 年孤獨的歲月裡，慈禧最大的愛好就是吃。吃西瓜，她只吃西瓜中間那一口，光是一天給她準備的西瓜就要 350 個。任性的人都是缺愛又缺乏安全感的，如果沒有愛你的人餵你吃西瓜當中的那一塊，那麼這個人也可以是自己！她不僅餵自己吃當中的那一口西瓜，還給自己布置了豪華的三餐和精緻的下午茶。

就拿早餐的膳單來說：火鍋二品——羊肉燉豆腐、爐鴨燉白菜；「福壽萬年」大碗菜四品——燕窩「福」字鍋燒鴨子、燕窩「壽」字白鴨絲、燕窩「萬」字紅白鴨子、燕窩「年」字什錦攢絲；中碗菜四品——燕窩肥鴨絲、熘鮮蝦、三鮮鴿蛋、燴鴨腰；碟菜六品——燕窩炒燻雞絲、肉片炒翅子、口蘑炒雞片、熘野鴨丸子、果子醬、碎熘雞；片盤二品——掛爐鴨子、掛爐豬；餑餑四品——百壽桃、五福捧壽桃、壽意白糖油糕、壽意首蓿糕；燕窩鴨條湯；雞絲麵。她有這樣的資本來寵愛自己，只是三餐是不夠的，名媛貴婦怎麼少得了吃下午茶的時光。

一個人的時候，無聊的時光最多，到了下午三、四點，慈禧坐在儲秀宮日常休息的條山炕上，就開始琢磨著想吃點什麼填補自己的空虛了。清宮宮女回憶說，秋冬天吃泡在蜂蜜裡的果脯。夏天的時候，每天午覺醒來，都會照例給慈禧呈上甜碗子，酸酸甜甜開胃又消暑，可以說是慈禧下午茶的明星產品。

慈禧也是女人，對於下午茶有著自己的少女心。為了吃這些零碎，她特地讓人做了特別好看的紅漆描金桃式攢盒、畫琺瑯纏枝蓮八寶紋攢盒、淡黃地粉彩花卉紋攢盒，及充滿喜慶色彩的龍鳳紋圓盒，供養自己那些零碎甜點。

在吃下午茶這件事兒上，慈禧不比現代女性敷衍。

如果能有一次穿越的機會，回到某個時代和某個人吃頓飯，那我一定想去清朝和老佛爺好吃頓下午茶，聊一聊她的無聊、任性與愛，享受一個下午清宮名媛的奢華。

你瞧哀家的臉蛋兒，是不是細膩紅潤有光澤？都是這玫瑰餅的功勞！

這窩頭的滋味兒怎麼就沒有哀家在西安時吃得香甜呢？

芸豆卷

先把白芸豆泡製一天,再手工去皮,蒸熟後手工碾製成蓉狀,再加入糖桂花和白芝麻,山楂卷製成如意形,口感細膩,味道酸甜。

芝麻燒餅

這道餅是下午茶裡鹹食主打,由麵粉、油、芝麻等原料烤製而成。色澤金黃,外皮酥脆,內裡柔軟,香鮮味美。

孫尼額芬白糕

有花朵一般圖案的糕點是孫尼額芬白糕,在滿語裡孫尼額芬就是白糕的意思,這是一道現代幾近失傳的糕點,屬於老滿族糕點。表面用果料點綴成小花,吃起來奶香味濃郁,口感細膩。

堅果

堅果是植物的精華,富含蛋白質、油脂、礦物質、維生素。松子被譽為長壽之果,可以防止高血壓,慈禧愛吃的粽子糖就是包裹了松子製作而成。

蘋果饅首

饅首即是饅頭,只是皇上吃膩了,御廚得變著花樣做不同的樣式出來,於是出現了艾葉饅首、佛手饅首、石榴饅首、靈芝饅首、蘋果饅首等。

酸梅湯

由烏梅、山楂、陳皮、桂花、甘草、冰糖等原料熬製而成,清宮的酸梅湯是太醫院自己配置的,有所不同的是,加了去火開胃通氣開竅的香薷。

豌豆糕

純豌豆製成,再加入果脯,上面鋪上柿餅,豌豆香味、果脯的果香、柿餅香味,混合出一個層次豐富、美妙的味道。

甜碗子

把新採上來的果藕嫩芽切成薄片,用甜瓜裡面的瓤,把子去掉後,和果藕配在一起,冰鎮了吃。口味酸酸甜甜,開胃健脾!

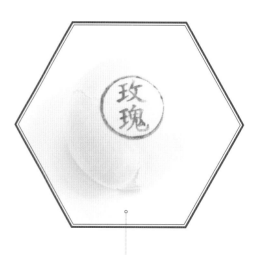

玫瑰餅

距今已有 300 多年歷史,過去是皇上賞賜群臣用的。餡料選用宮廷御用九重瓣食用玫瑰,製成玫瑰醬,包上白皮酥烘烤而成,口感細膩綿軟,玫瑰香味濃郁。

寫過《秦俑》、《胭脂扣》等作品的穿越小說鼻祖李碧華覺得，吃是很重要的，那裡面有她最愛的「人間煙火」。

因為在食物面前，無論貴賤，每個人都平等無二。乾隆因為愛上豆汁兒而特別召人進宮製作，慈禧更甚，宮外但凡有點什麼好吃的，宮裡就流行起來。豌豆黃、芸豆卷、小窩頭本來都是宮外貧民吃的東西，到了宮內，搖身一變就成了慈禧極具個人特色的下午茶。

如果說，你對慈禧的驕奢淫逸總是放不下憎惡的話，那麼你看到吃下午茶的慈禧，也一定會覺得她的可愛，那時的慈禧也只是一個需要用食物來填滿自己的女人而已。

今天，小編就打算穿越回清宮的午後，和慈禧好好品一頓下午茶，說起自己最愛的糖食和茶點，她可真是一個意猶未盡的話匣子呢。

穿越時空的下午茶

以下內容為《皇上吃什麼》小編入夢與慈禧太后交流所得，
如有雷同，純屬巧合。

小編：太后老佛爺吉祥，向您請安了。

慈禧：你是哪裡來的奇怪人，穿著這樣奇特？

小編：啟稟老佛爺，我名為小編，是來自一百多年後的中國啊，這次給您帶來了我們的特產奶蓋奶茶，進貢給您作為下午茶。

慈禧：奶茶這玩意兒哀家是喝膩了的，不過你帶來的這個奶茶上面這層奶蓋倒是別具一格，哀家一直喝鹹奶茶，還是第一次喝到甜奶茶，算是你的一片心意。你倒是可以嘗嘗這個玫瑰餅，是用九重瓣玫瑰製成的玫瑰醬所製，配你的這個奶蓋茶，倒是恰當得很。

小編：多謝老佛爺賞賜，這個白皮玫瑰餅我們那裡也是常吃的，還是邊陲雲南那邊特製的呢，怪不得老佛爺容顏保持得如此好，原來是常吃玫瑰餅的緣故。

慈禧：女人要想保持好容顏一定要吃玫瑰吃甜食，哀家特別喜歡妙峰山的玫瑰，常用它做玫瑰露、胭脂、口紅，有香味有色彩，瞧你這麼可愛，走的時候帶上一瓶玫瑰露吧。他們都以為我愛吃肉，可是比起肉來，哀家更愛吃

糖，每天飯前，吃點糖，每次吃茶，也一定要吃糖食，吃糖真叫我開心啊。你看這芸豆卷，哀家最愛這糖桂花的味兒，加了點山楂，酸酸甜甜的，覺得不爽口的時候，再喝點普洱茶和酸梅湯順順口，這一下午坐在這兒看著園子吹著涼風再舒服不過了。

小編：多謝老佛爺賞賜，老佛爺有福氣才能享受到如此美妙的下午啊。酸梅湯也是我愛喝的，夏天在酷熱的室外喝瓶冰鎮的酸梅湯，可以解一身酷暑啊。

慈禧：原來到你們那時候還喝酸梅湯這玩意兒呢，就沒發明點新東西出來？

小編：新的飲品有倒是有，但是一到夏天還是想喝酸梅湯，還是老祖宗留下來的方子管用。不過您的甜碗子我倒是沒嘗過，能否賞點兒給我嘗嘗？

慈禧：來人哪，賞小編兒一份甜碗子。這是哀家夏日每天睡完午覺都會吃的，甜碗子做起來很複雜的，要先把新採來的果藕芽切成薄片，用甜瓜裡面的瓤，把子去掉和果藕配在一起，再把青胡桃砸開，把裡頭的帶澀的一層嫩皮剝去，澆上葡萄汁，冰鎮了吃。不過哀家腸胃不好，不能貪涼，不能多吃。

小編：原來甜碗子做起來這麼複雜呢，怪不得我們那兒很難吃到，沒有人願意花費時間做了，還是老佛爺您享福，能吃到這麼好吃的消暑甜品。

慈禧：除了這個還有呢，你再來吃點這個粽子糖。說起這個糖啊，是一個蘇州的醫生進貢上來的，他知道我脾胃不和，帶了粽子糖，就是把糖熬好以後，把松子仁剝了皮後裹在裡面，哀家吃了這個之後心情好，比吃其他草藥都管用，可以很長時間不吃飯，就吃這個，就有胃口了。

小編：老佛爺吃的糖都這麼講究精緻好看，五顏六色的真討人喜歡。

慈禧：女人呢，就是要活得開心，對自己好一點，不然活著幹嘛。沒事兒過來喝個下午茶，逗一逗鸚鵡，看看花草，一天也就這樣過去了。走，小編兒！哀家再帶你坐船去頤和園瞧一瞧，那裡有個專門做奶酪的膳房哩，能帶你吃哀家最喜歡的奶餑餑。

小編：得令！

玫瑰進宮記

　　清代後宮對於玫瑰的青睞是不言而喻的。除了玫瑰餅之外，還有玫瑰精油。乾隆的後宮們已經開始流行採摘玫瑰花燻蒸成露，調上一點進口香精，就成了「紫禁城花露水」，專在夏天洗浴時使用。

　　不是所有的花都能製作「紫禁城花露水」，清宮有專用玫瑰花，來自北京妙峰山。提煉一斤玫瑰油，需用三千斤鮮玫瑰花。慈禧太后則發明了玫瑰的另一種用法——調製胭脂。花瓣要選「一色朱砂紅」，在石臼裡用漢白玉杵搗成泥，再用紗布過濾。把花汁注入胭脂缸裡浸泡。十多天後，取出隔著玻璃窗曬乾後，裝入胭脂盒。

坐著火車吃大餐

要不是慈禧太后的名聲不太好，她肯定能被後人冠以「Icon」的頭銜，做不了諸如「頤和園時尚教主」，怎麼也是個「清宮火鍋研究美食家」、「紫禁城美妝研究達人」……別忘了，她還是中國第一個擁有火車專列的女人。文＝李舒｜插畫＝茄子圓兒

有關慈禧太后坐火車的經歷，給我們帶來最詳細描述的，乃是自稱「公主」的德齡。她憑著曾經入宮侍奉慈禧的經歷，寫出了《清宮二年記》、《御苑蘭馨記》、《瀛台泣血記》、《御香縹緲錄》等大量英文回憶錄。這是外國讀者第一次如此詳細直觀地瞭解中國宮廷生活，書一經推出，迅速暢銷歐美。

在這些暢銷書中，有一本《皇室煙雲》，講的便是慈禧太后坐火車出遊奉天的經歷。慈禧太后的專列上，有4節車廂為廚房專用，一節專為切菜工準備，大約有20人，據說切菜工還會在車上發豆芽。一節車廂專門用來放爐子，這些爐子用全白的陶瓷製成，它們在車廂裡一個接一個排成兩列，用的是煤球，有點現代卡式爐的意思。每個爐子由三位廚師「掌控」，一位只負責生火，另外兩位為大廚和二廚，負責燒菜。這廚房真是熱鬧，每到開飯時分，「整齊得像在部隊裡操練」一樣。

150個人燒出來的火車餐是什麼水準呢？在清宮裡，帝后們每日吃兩頓正餐，在火車上也一樣。正餐菜品的數量和宮中一樣，為100道。據說，慈禧太后最愛的火車餐為北京鴨。這道菜「先放在一個陶瓷砂鍋裡，然後把砂鍋放到一個密封的蒸鍋裡蒸三天。這樣蒸出來的鴨子就不需要用刀切了⋯⋯太后有時候也吃鴨頭，但多數時候她吃皮」。慈禧似乎特別愛吃鴨子，除了蒸鴨子，她也愛吃燉鴨舌。「每次上三十個左右，下面用鴨肉襯底，鴨舌鋪在上面。太后還喜歡吃醃鴨掌，其中只有鴨蹼部分是美味的。鴨肫和鴨肝也有各種烹調法。太后是太喜歡鴨子了，除了牠的嘎嘎叫聲不能吃以外，什麼都捨不得扔。」

食材大多在宮中就準備妥當，因為場地有限，火車上御廚們也發明了許多新興食物，比如雞肉用醬油和香料拌勻後做成的香腸，腸衣用的是鴨腸子。也有當地官員進獻的新鮮食材，比如到豐台時，地方上就進獻了白河鯽魚，慈禧「夾了一塊嘗了一下，表示很滿意，就命令再送回廚房，去刺，加入適量的豆腐一起煮」。吃完鯽魚的慈禧甚至用魚鰓下面的扇形軟骨做占卜，傳說把骨頭弄立起來，就能交好運。這位老佛爺扔了幾次都不成功，非常失望。

太后吃飯的時候，火車必須停開；做飯的時候火車可以開，但開得很慢，那時候大概沒有提速這一說。德齡回憶，她對太后的食欲感到驚奇，在火車上，她經常感覺餓了，就吩咐停車備餐：「五十名一類廚師吆喝著讓五十名三類廚師點爐子，這時候太后仍自己眺望窗外景色⋯⋯然後五十名二類廚師開始向一類廚師傳遞原材料、醬油、調料。接著是一個龐大的太監隊列向太后送食盤。」

這浩浩蕩蕩一番折騰之後，這位屬羊的射手女居然又不餓了！

德齡描述的太后火車餐奢華而美味，不過，根據朱家溍先生的考證，這趟旅行純屬子虛烏有。首先，德齡描述的這趟旅行是從北京到奉天（今瀋陽），而慈禧太后一生從未去過瀋陽。其次，德齡在書中說，這是慈禧太后第一次坐火車。事實上，1901年，西太后從西安回北京時，走旱路到了直隸正定府，曾經換乘了一段火車，直到北京附近的馬家堡時，再乘輿回紫禁城。

早在1888年，慈禧太后就有了一條自己的「鐵路專線」。1876年，英國在上海、吳淞之間修建了中國境內第一條鐵路。以李鴻章為首的「洋務派」大臣們便開始積極上書，要求建造鐵路。慈禧太后對此一直猶豫不決，李鴻章為了說服太后，便建議先在中南海一帶建造一條小鐵路試車，讓慈禧親身體驗一下坐火車的感覺。

1888年，全長三里的西苑鐵路建成，慈禧太后每天上午從儀鑾殿到勤政殿上朝，直到散朝後，偕同光緒皇帝及王公近臣乘坐小火車到鏡清齋用膳。為顯示皇權，慈禧和光緒乘坐的客車用的是黃綢窗帷，其他王公外戚乘坐的是紅綢或藍綢窗帷。

德齡1903年三月才進宮伺候太后，她沒有趕上西苑火車專列時代，也沒有機會陪同慈禧從西安回到北京。慈禧的這輛御用火車在民國時代還完整如新地保存在正陽門西車站，當時被稱為「花車」。二十世紀五、六十年代，在建設十三陵水庫時，北京市政府還將小火車調到水庫工地，用以拉帶拖車運送土方石料。當時還有新聞報導稱：「慈禧太后的小火車，開始為社會主義建設服務了。」

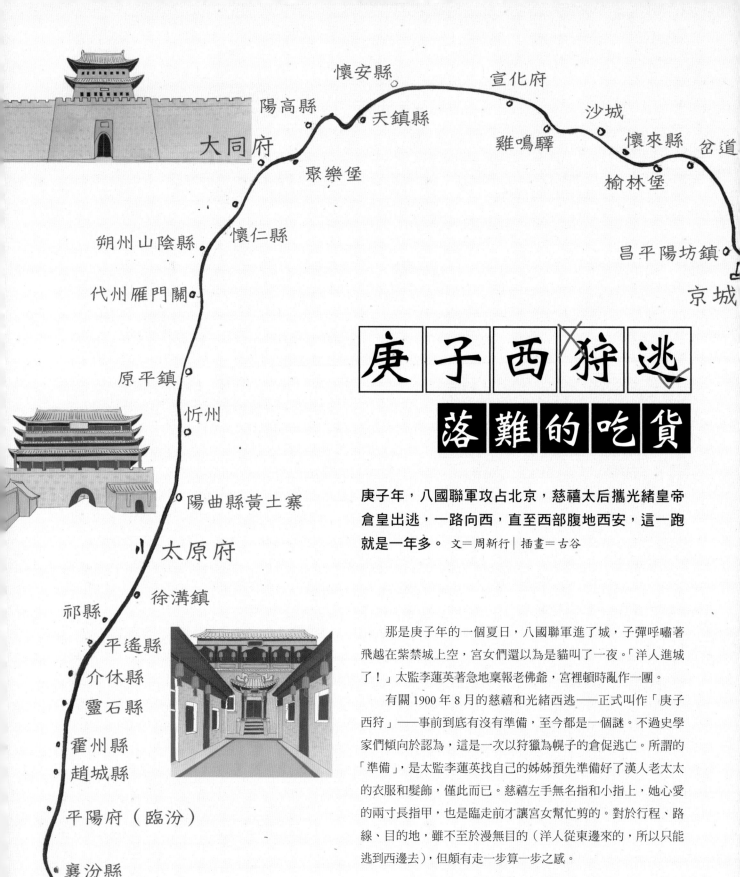

懷安縣　宣化府
陽高縣　天鎮縣　沙城
大同府　　　雞鳴驛　懷來縣　岔道
聚樂堡　　　　　　　榆林堡
朔州山陰縣　懷仁縣
代州雁門關
　　　　　　　　　　昌平陽坊鎮
　　　　　　　　　　京城
原平鎮
忻州

庚子西狩逃

落難的吃貨

庚子年，八國聯軍攻占北京，慈禧太后攜光緒皇帝倉皇出逃，一路向西，直至西部腹地西安，這一跑就是一年多。　文＝周新行│插畫＝古谷

陽曲縣黃土寨

太原府

徐溝鎮
祁縣
平遙縣
介休縣
靈石縣
霍州縣
趙城縣
平陽府（臨汾）
襄汾縣
曲沃縣侯馬驛

　　那是庚子年的一個夏日，八國聯軍進了城，子彈呼嘯著飛越在紫禁城上空，宮女們還以為是貓叫了一夜。「洋人進城了！」太監李蓮英著急地稟報老佛爺，宮裡頓時亂作一團。

　　有關 1900 年 8 月的慈禧和光緒西逃——正式叫作「庚子西狩」——事前到底有沒有準備，至今都是一個謎。不過史學家們傾向於認為，這是一次以狩獵為幌子的倉促逃亡。所謂的「準備」，是太監李蓮英找自己的姊姊預先準備好了漢人老太太的衣服和髮飾，僅此而已。慈禧左手無名指和小指上，她心愛的兩寸長指甲，也是臨走前才讓宮女幫忙剪的。對於行程、路線、目的地，雖不至於漫無目的（洋人從東邊來的，所以只能逃到西邊去），但頗有走一步算一步之感。

靠老玉米湯活命

　　一場說走就走的旅行，訂不到機票酒店能怪誰呢。慈禧一行 13 人擠在三輛普通馬車上，本來以為帶了些碎銀就萬事大吉，誰知從海淀到溫泉，由溫泉北上到居庸關，本來是南來北往的要道，但是被敗兵和義和團搶掠一空，店家紛紛關門避禍，其他的都是窮人，一兩銀子也買不到一口吃的。

　　「有勢力無處使，有銀子無處花」，這是慈禧太后的隨行宮女「榮兒」——對，指甲就是她剪的——在後來的口述回憶《宮女談往錄》中的敘述。慈禧當時只顧著逃命，吃什麼的問題自有奴才操心。

　　當天傍晚車隊到達一個無名小鎮，已是人困馬乏，必須要停下來休息了。車夫提議，向附近農民包下一片地，地裡有豇豆角和老玉米，可以煮熟吃。從來沒見過莊稼的宮女們搖身一變，成為農婦加伙夫，燒煤爐、拉風箱，把豇豆角用水煮，再把老玉米煮成湯。

　　「老太后根本沒吃。煮老玉米湯可成了寶貝了，你一盅我一盅地分搶著喝，皇上（即光緒）也喝了一盅，這是我親眼看見的。」榮兒的回憶錄裡，沒有提到油和鹽，想來這白水煮豆角，斷然也好吃不到哪裡去。眾人把地裡剩下的豇豆和玉米放到車上帶走，而榮兒和同行的另一宮女小娟子，則把玉米粒剝下來給慈禧吃，總算是吃到了糧食。

　　太陽落山的時候，車隊來到一個叫西貫市的村子，在昌平境內。由於車內奇熱，口渴難耐，宮女們啃玉米秸稈，嚼出點汁液來解渴，慈禧也渴得撐不住，和她們一起嚼。西貫市是一個回民村，因統一信仰，故不受義和團之流影響，亂世之中反得片刻安穩。榮兒憶述，當時李蓮英向村民要來一盆「水飯」，慈禧、光緒等人都吃了，是小米和豆子煮成，之後浸入涼水，是一種夏天消暑食品。

誓死保衛一鍋綠豆小米粥

　　就在慈禧出宮的第二天，也就是八月十六日，延慶州發出公文，要求沿途地方接待「兩宮」。懷來縣令吳永是八月十七日才接到公文的，那時慈禧的車隊離懷來邊境只有數十里。公文要求準備滿漢全席一桌，親王、軍機大臣等人各一品鍋，還需給隨行官員提供食物糧草。

　　吳永的第一反應是：這是詐騙嗎？這份公文雖說蓋了印，但是「粗紙一團，無封無面，已縐折如破絮」（據《庚子西狩叢談》），幕僚仔細辨認，才發現是知州秦奎良真跡，應無誤。但吳永更糾結了：小縣城實在辦不出滿漢全席，如不周到，反有被治罪的危險，有人勸他不要理會，有人勸他棄官逃跑，但是他反覆思量，身為守土官吏，親食其祿，焉有遭逢君上患難而以途人視之者？遂下令盡力預備食物——他也沒有在準備滿漢全席——只是命令製備米飯、蒸饃、烙餅、稀粥，不過城內土匪聞訊去搶，還砍傷了廚役，最後只剩下綠豆小米粥一鍋。「現已無他術，惟力保此鍋，勿再被劫為要！」吳永自己坐在門口，馬勇提槍侍立，只為「保鍋」。

　　他這一鍋沒有白保。太后逃亡兩天，但見有人穿著官服叩頭覲見，這才找回了當太后的感覺，竟痛哭流涕。她問吳永可備有食物？吳永誠實回答，只有一鍋綠豆小米粥。慈禧道：「患難之中得此已足，寧復較量美惡？」吳永獻上小米粥，再找出隨身牙筷奉上。李蓮英再問：老佛爺甚想食雞卵，能否取辦？附近村莊已逃亡一空，吳永徑自走入民宅，在一櫥罋竟找到 5 個雞蛋，再生火燒水，佐以食鹽一撮，交給太監。

　　一路上吃玉米、嚼秸稈的慈禧見白煮蛋龍顏大悅，自

已吃了三個，光緒帝吃了兩個。李蓮英又出難題：老佛爺甚想水煙，尚能覓得紙吹否？紙吹是用來點水煙的捻兒，吳永又馬上找了一處窗台，用粗紙捲了5支紙吹獻上。

吳永把行署讓出來布置成臥室，給慈禧一行人休息。末了太后溫語相慰：很難為你辦理。吳永翻箱倒櫃，把自己已故老母親的夾襖找出來進獻太后，男式的馬褂長衫也準備了一包，他姊姊已去世了，姊夫新續娶，故得鏡奩一套，梳篦脂粉悉具，又呈給太后和格格。榮兒還回憶說，最最令人滿意的，是吳永送了十多雙全新的細白布襪子，途中兩次遇雨泡在濕鞋濕襪裡的腳終於舒服了。

至此，逃亡的慈禧和光緒才恢復了威儀。深識禮數的吳永先被提拔為「辦理前路糧台」，後逐步晉級，「以知府留於本省候補，先換頂戴」。就連曾經給吳永做飯的廚子周福，因為一碗扯麵條、一碟炒肉絲做得甚合慈禧口味也被賞了六品頂戴，供職御膳房，與老佛爺隨行。

老佛爺晉陝美食巡遊

西狩的隊伍在懷來縣駐了3天，這時已不再是13個人3輛車，而是陸續集結完成的30輛車、數千人。在快

要把懷來縣吃窮的時候，慈禧決定啟程西行，而要求接待的公文也陸續發到前方山西、陝西各地。各級官員聽說吳永升官了，自然「懂事」，加上趨炎附勢的富商們慷慨解囊，銀兩、佳餚、糧草已準備好了。

一路上各地特產、小食自不待言，南方進貢的螃蟹、魚翅也陸續送到。在大同府，縣令齊福田命令當地知名酒樓鳳臨閣名廚出陣，做了一道招牌菜叫「鳳趴窩」，將一隻雛雞油炸後放在大盤內，旁邊放有油炸乾粉條、油炸煮雞蛋（或鵪鶉蛋、鴿蛋）和油炸豆腐。慈禧覺得好吃，問起菜名，但是官員們覺得「鳳趴窩」三字怕慈禧覺得影射自己，恐招殺身之禍，於是絞盡腦汁，想出個「金鳳臥雪」。後來這道菜又恢復本名，在今天的大同鳳臨閣裡每日限量供應。還有一道當時招待過慈禧的「百花燒賣」，裹以雞、鴨、魚、蝦、蟹、牛、羊、豬、兔9種肉餡，燒賣上端製有牡丹、荷花、玫瑰、芍藥、玉蘭、月季、秋菊、杜鵑、梅花9種花形，同樣得到了慈禧的讚賞。

在太原府，山西巡撫陸忠祺進奉「蟹翅撥魚」，太后大加讚賞。撥魚是一種麵食，高檔者以白麵、豆麥製成，抑或混入高粱、蕎麥粉。用刀削成比較尖者叫作「剔尖」，

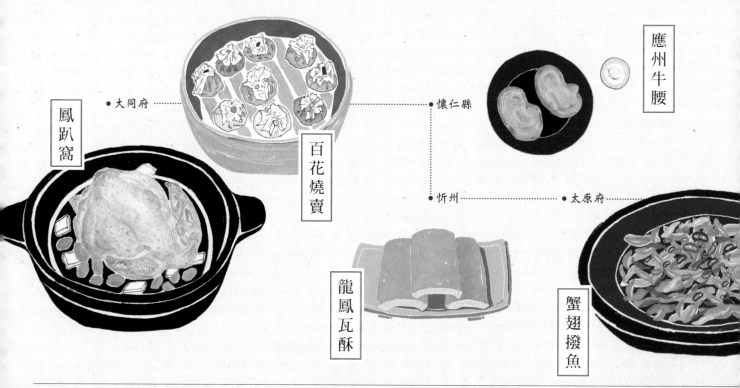

鳳趴窩　●大同府

百花燒賣

懷仁縣　應州牛腰

龍鳳瓦酥

忻州　●太原府

蟹翅撥魚

用筷子撥成流線形的叫「撥魚」。現在在北京的晉陽飯莊也可以吃到「肉絲炒撥魚」。

除了這些「大菜」以外，慈禧一路上還品嘗了各式小吃：比如「應州牛腰」，是把白麵捏成牛腰形狀，沾上白糖再油炸而成；忻州瓦酥，因形似瓦片而得名，由廚子王鳳龍發明，香脆可口，因為進獻慈禧和光緒而改名「龍鳳瓦酥」；在太原西南的孟封村出產一種「孟封餅」，則是一種甜軟的酥餅，後來進貢皇室成為「御餅」。

在這裡還要提一下平遙碗托和靈石「和和飯」。碗托是一種蕎麥粉製成的小吃，起源於西晉初年，當地軍士抗擊匈奴設營於此，因為呂梁山區盛產雜糧，又逢自然災害，軍士只能徵到一些蕎麥，磨碎煮粥，有些士兵吃飯較晚，只能吃到冷卻後的蕎麥塊，沒想到比粥還好吃，保存攜帶還更方便，因此成為軍糧。

「和和飯」原寫作「胡胡飯」，晉末羯胡（南匈奴的一支）進入山西之後，因為不會煮粗糧，就把米、麵和菜煮在一起，「和」亦有混合之意。慈禧吃到這道菜時，只是覺得好吃，她未必知道，這背後其實暗藏著漢族與北方遊牧民族的血淚史吧。

庚子年是閏八月，所以過了兩個中秋。著名的晉商喬氏，即《喬家大院》的主人公，當然不能放過太后駕臨的機會。第一個中秋是在忻州過的，以祭月為主，月餅只是平常物；而喬家在第二個中秋給慈禧奉上了一款名為「雪蓮酥」的月餅。由祁縣著名的老字號糕點鋪「是盛樓」製作，本身是給喬家特供的，雪白晶瑩，做成花形，外人買不到，喬家當然用來借「花」獻佛（老佛爺）。慈禧讚不絕口，到西安後，還特命人到喬家取雪蓮酥吃，之後每年到中秋，喬家就派人進京奉送雪蓮酥。

到了曲沃縣侯馬驛，侯馬地方官一個月之前就開始準備，特招了 80 名廚子，日夜操作，精心配置，真的做出了滿漢全席 108 道菜。由此，慈禧一行在逃亡一個多月後，飲食已經基本恢復宮廷標準。到了西安，更是按紫禁城的規格專設了御膳房，下分葷局、素局、菜局、飯局、茶局、酪局、點心局等近 10 個局，廚師共有 100 多人。

這一次「西狩」，一些晉陝麵食、小炒的做法傳入宮中，滿漢全席的菜譜流落民間，正當民間與御膳切磋交流之際，李鴻章正坐船北上京師，準備展開他人生中最艱難的一次談判。

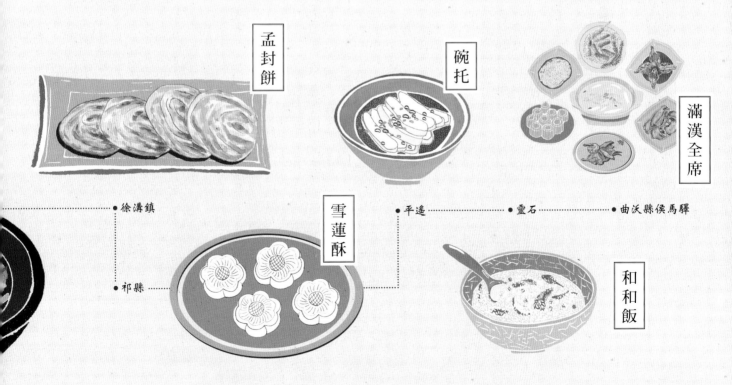

孟封餅

碗托

滿漢全席

•徐溝鎮

雪蓮酥

•平遙　　　　•靈石　　　　•曲沃縣侯馬驛

•祁縣

和和飯

彩繪玻璃果供

銅鍍金松篷果罩

金胎畫琺瑯杯盤

美食不如美器

宮裡的飯菜可以不好吃，但是碗碟一定要好看。餐桌上最重要的是什麼？顏值，顏值，還是顏值。在天下最有權有錢有審美的甲方要求下，造辦處創造了一件件美貌絕倫的顏值擔當。

畫琺瑯山水花鳥西洋式提梁壺

紅地描金粉彩乾果高足盤

金漆「萬壽無疆」山水樓閣圖罩盒

粉彩過枝桃紋盤

天下第一甲方
就是你，四爺

作為有權有錢有審美的甲方，雍正皇帝將清朝家具、瓷器
帶到了一個高峰。他的造辦處就設在養心殿，可能是清史
中最受折磨的乙方。文＝路大望｜插畫＝茄子圓兒

清 瑪瑙光素茶碗 雍正帝御用

不太喜歡雍正，他走的風格太性冷淡了。

他喜歡的不是金玉瑪瑙這些，有個鈞窯盤子裡裝著木頭，木頭上面裝著一堆金玉寶石，他叫人全摳下來，專門欣賞那個盤子。

在這些小細節上他又特別懂，所以給他做東西是很難的，光一個關公像他就讓人改了五遍，腿要粗一點，帽子要換，到最後覺得整個神情體態不好，又叫人照著一個唱關公的名角重新做。郎世寧畫小狗，他要求改，說狗的尾巴太尖了，身子畫小了一點。當雍正的乙方是很難的，唐英剛到景德鎮，有三年啥事都不幹，也不交際，就是尋古窯，改進技術，很怕伺候不好雍正。

雍正太難糊弄了，關於桌子，他的旨意具體到桌子面好看，但是桌腿要拆了重換，材質、式樣，他都有要求。

但是他也不是暴君，很少有因為工匠做得不好而受罰的紀錄，他最多是讓手藝一般般的工匠跟著父親靈柩回鄉，然後下旨讓他別回北京了。

他是個工作狂，天下官員，他一一召見，每天狂批奏摺，又沒有什麼娛樂，對吃也不太感興趣，也不像乾隆一樣對書畫有深厚的興趣。反而是對中國歷史上一向不太受重視的瓶瓶罐罐、家具充滿了細節控的狂熱，很難想像他對這些玩物的點子都是從哪裡來的。中國歷來最崇尚的是文人畫與文人書，而雍正如果放在現代，就很像一個家居雜誌主編或者設計師，對於顏色、形狀、材質斤斤計較。他的造辦處就在養心殿，一群工匠叮叮噹噹，他專門下令

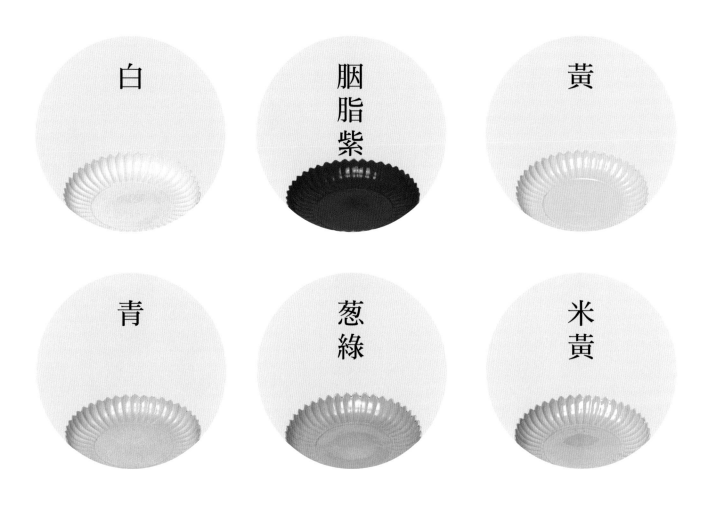

白　　胭脂紫　　黃

青　　葱綠　　米黃

跟侍衛們說，看好后妃，要等匠人們走了之後才能讓后妃們出來玩。

最有意思的是，他喜歡的風格是極其克制內斂的，稍微不秀氣、不雅的，他都要打回去重做。在這個天下第一甲方事無巨細的指導下，雍正朝的瓷器藝術雖然登峰造極，但是絕對不像乾隆朝的一樣花團錦簇。

他熱愛宋朝瓷器，宋朝的五大官窯都是單色釉，所以單色釉瓷器技術在雍正一朝達到了空前絕後的高度。為首的就是仿鈞窯，那種微微的難以描述的藍色就像雨過天晴，除此以外還有玫瑰紫、茄花青。他

要求圈足露胎的地方都要有象牙的質感，而且整個一圈要修成「泥鰍背」——光滑，尺寸如同泥鰍的背部一樣寬，不能有一絲一毫的馬虎。

他創造了黑色的瓷器，用真正的黃金添加到釉裡，燒製出金紅色的瓷器，他還喜歡純白的盤子、明

色卡

湖綠

天藍

灑藍

薑黃

葡萄紫

醬

黃色的碗。純色的瓷器，除了顏色要正，要好看，因為沒有圖案，就要求器物的造型要非常精確和完美。雍正很喜歡這種對美的挑戰，實驗了各種各樣的形狀，包括魚簍形的瓶子、仿青銅器的瓷器，甚至還讓唐英在瓷器上模仿木頭的紋路。

雍正在藝術上的克制已經到了一種隱匿自我的境界，很多瓷器上都不落款，在著名的《十二美人圖》上，他把自己寫的詩寫在美人背後的條幅上，不顯山不露水，不注意看根本看不出來是御筆，而且還有半截詩在畫面之外，落款：董其昌。

想方設法讓自己的筆跡融於藝術品中，一點都不想突出自己的至尊地位，這跟乾隆的御筆縱橫完全是兩個極端，在中國的皇帝書法史上也是絕無僅有。乾隆有可能就是被他的這種低調壓抑久了，所以自己繼位之後成了一個「題字狂」。

真的還想再活五百年！

朕有好多十二月花神杯

在文物收藏圈裡，康熙十二月花神杯是一個魔咒，
所有的藏家都希望能集齊十二只來召喚神龍……不，是賣出好價錢！

文＝蔣小娟｜插畫＝茄子圓兒

康熙皇帝慣用一套酒杯，一共 12 只，喝酒時需要「翻牌子」，一月水仙杯，五月石榴杯，十月芙蓉杯……一花一詩，四時不同。這小小的酒杯，左文右圖，落有青花篆書「賞」字印款，詩、書、畫、印集於一體，沒什麼宮廷富貴氣，反而透著雅致的文人趣味，確切地說，是康熙的趣味。

可以說，十二月花神杯的細節裡暗藏著康熙朝文化事業的密碼。康熙四十四年（1705），康熙命令曹寅統率翰林學士編纂《御定全唐詩》，這項政府重點文化工程調動了翰林院所有資源，耗時兩年，編校成冊 900 卷。我們後世所讀的唐詩，基本上都是《全唐詩》所錄的版本。另一項名氣沒這麼大的工程，是汪灝奉旨編纂《廣群芳譜》，這是一本植物百科全書，大江南北的桑麻花卉都詳細記錄在案。

所以，十二月花神杯的出現，完全是精準地「揣摩上意」。這套酒杯有五彩和青花兩款，是清朝著名督陶官郎廷極在任時，景德鎮官窯所製。瓷器專家葉佩蘭認為：作為康熙五彩的代表，十二花神杯色彩鮮豔，光澤明徹透亮。康熙青花五彩雖然上承明代，但青料是以雲南珠明料配出的濃淡不一的料水。施彩方式仍為平塗，但在平塗後再用重色或黑色描細密的線條，形成深淺變化，使所繪風物具有陰陽向背的層次感，水準明顯超過明嘉靖、萬曆的五彩。

康熙之後，宮中沿用了十二月花神杯作為日常酒具，庫存不少。民間也有不少效仿者，所以算不上奇貨。但若是能集齊康熙朝所製的 12 只，則另當別論。早在晚清，寂園叟就曾寫過：「康熙十二月花卉酒杯，一杯一花，有青花有五彩，質地甚薄，銖兩自輕。彩花以有黃色小兔者為最美，菊與荷鴛者為下。昔者十二杯不過數金，所在多有，今則黃兔者一隻，已過十笏矣。若欲湊合十二月之花，試戛戛乎其難。青花價值且亦不甚相懸也。」

戛戛乎其難，真是逼死收藏界的強迫症患者。

一月水仙

春風弄玉來清晝，
夜月凌波上大堤。

二月玉蘭

金英翠萼帶春寒，
黃色花中有幾般。

三月桃花

風花新社燕，
時節舊春農。

四月牡丹

曉豔遠分金掌露，
暮香深惹玉堂風。

五月石榴

露色珠簾映，
香風粉壁遮。

六月荷花

根是泥中玉，
心承露下珠。

七月蘭花

廣殿輕香發，
高台遠吹吟。

八月桂花

枝生無限月，
花滿自然秋。

九月菊花

千載白衣酒，
一生青女香。

十月芙蓉

清香和宿雨，
佳色出晴煙。

十一月月季

不隨千種盡，
獨放一年紅。

十二月梅花

素豔雪凝樹，
清香風滿枝。

臘梅

重華宮茶宴：
揣只茶碗帶回家

無限熱愛江南文人雅士生活的乾隆皇帝，將品茗、吟詩的茶宴引入了清代宮廷。這場清代政壇超級大咖的年度盛會，為「儀式感」三字下了完美注腳。 文＝蔣小娟｜攝影＝李佳鸞｜插畫＝李洋

　　過了大年初一，宮裡總算不那麼忙碌了。初一的新春朝賀儀式過後，文武百官開始休沐，即放大假。愛風雅的乾隆皇帝，會選擇初二至初十之間的某一天，在重華宮裡大開 Party ——舉辦茶宴。

　　茶宴的舉辦地重華宮，原是乾隆作為皇子時的居處乾西二所。此處盛滿了乾隆爺青春少年的美好記憶，他登基後雖然不再居住於此，卻經常在此處舉辦盛大活動，首推的就是重華宮茶宴。作為新春茶話會的鼻祖，一年一度的茶宴上，乾隆與朝中重臣聚在一起品茗、吟詩，既滿足了乾隆爺愛慕江南文人生活、「附庸風雅」的願望，又不動聲色地透露出新一年朝中格局的變化。如此高規格的 VIP 活動，獲得入場券有多難呢？早年與宴大臣的人數是 18

人，取登瀛十八學士之寓意。後來由 18 人增加到 28 人，對應二十八星宿。人數最多時也不過 30 餘人，可謂「一票難求」。

　　重華宮茶宴喝的茶很有講究，喝的是「三清茶」。以龍井茶為主料，佐以梅花、松子、佛手三樣清品。梅花寓意高潔；松柏凌寒不凋，四季常青；而佛手正好諧音「福壽」。三清茶傳說為乾隆獨創，他還頗為得意地在御製〈三清茶〉詩題後自注云：「以雪水沃梅花、松實、佛手，啜之，名曰三清。」烹製三清茶，要先將佛手切絲投入壺中，沖入沸水，再投入龍井茶，沖水至滿壺；同時用銀匙將松子、梅花分於各個茶碗中；最後將沏好的佛手龍井茶沖入。烹茶的水也有特殊要求，須是「沃雪烹茶」。

松實

每逢冬日大雪，宮人們便收集最乾淨的積雪，留存烹製三清茶。乾隆三十三年（1768）御製詩〈重華宮集廷臣及內廷翰林等三清茶聯句復得詩二首〉中「三清甌滿啜三清」一句，下注有「向以三清名茶，因製瓷甌，書詠其上，每於雪後烹茶用之」。

如此充滿儀式感的三清茶，當然不能隨隨便便地搭配茶具，於是乾隆皇帝順勢推出御用定製款——三清茶詩碗。三清茶詩碗，顧名思義，是題有三清茶宴吟詠詩句的茶碗，有陶瓷的、漆器的、玉器的，但最多見的是青花、礬紅釉。北京故宮博物院就藏有清乾隆款礬紅御製三清茶詩碗和青花御製三清茶詩碗，礬紅明麗，青花雅正，落有「大清乾隆年製」篆書官窯款；內外口沿下及外近底部為如意紋，內飾折枝的松、梅、佛手各一株。茶碗外壁題了一首御製詩：

梅花色不妖，佛手香且潔。松實味芳腴，三品殊清絕。
烹以折腳鐺，沃之承筐雪。火候辨魚蟹，鼎煙迭聲頁。
越甌潑仙乳，氈盧適禪悅。五蘊淨大半，可悟不可說。
馥馥兜羅遞，活活雲漿澈。偓佺遺可餐，林道賁時別。
懶舉趙州案，頗笑玉川譎。寒宵聽行漏，古月看懸玦。
軟飽趁幾余，敲吟興無竭。　（《御製詩初集》卷三六）

落款為「乾隆丙寅小春御題」。題作〈三清茶〉這首御製詩實在是水平欠佳。作為最愛寫詩的大清皇帝，乾隆留下了 43,584 首御製詩，幾乎抵得上一部《全唐詩》。對於這樣的高產量，乾隆皇帝頗為得意，他說：「予以望九之年，所積篇什，幾與全唐一代詩人篇什相埒（相等），

可不謂藝林佳話乎？」不過後世對其的評價卻是「多而爛」、「酸與腐」。這就給參與重華宮茶宴的臣子以極大的考驗——在聯句吟詠之時，如何避免超越乾隆爺，又不至於顯得太過低劣。

在乾隆六十年（1795）的茶宴名單上，可以看到和珅、劉墉、紀昀、王傑、阿桂、福長安等名字，和大人、劉羅鍋、紀曉嵐三人同框作詩的場面恐怕也只有在重華宮茶宴上能得一見。即便淵博擅文如紀大學士，在茶宴上也是佳句欠奉。年年的茶宴都是「頌聖體」創作比賽，歌功頌德，粉飾太平。

詩作得不好沒關係，重要的是天恩榮寵。凡是能進宮喝茶的，都是皇帝身邊的近臣，也就是進入了核心權力圈子。每年茶宴的座次表，傳遞的是微妙的朝中格局。而且乾隆皇帝對來喝茶的各位可是不薄，宴罷不但允許他們將御製三清茶詩碗帶回家留作紀念，趕上龍心大悅，還要賞賜宮廷珍藏的古玩字畫。像乾隆朝大臣彭豐年，就曾在茶宴上獲得《風雪杉松圖》、《送人之閭中圖卷》兩幅古畫。這樣的大手筆，堪稱古往今來最土豪的「尾牙」禮物了。

佛手

咖啡杯裡的西風東漸

文＝蔣小娟　攝影＝李佳鸞

茶葉登陸歐洲，咖啡傳來華夏，都是很了不起的事情。

「咖啡」一詞，最早出現在民國初年的《中華大字典》，成為一統江湖的官方名稱，總算是終結了「考非」「嗑肥」之類千奇百怪的混亂譯名。中國是文字國，必也正名乎。「咖啡」一詞的確認，代表了民間社會對這一舶來物的最終接納。但其實咖啡登陸中國遠早於此，在明代末年就已隨西方商人和傳教士東來，據說荷蘭人還一度嘗試在台灣種植咖啡樹，可惜不太成功。

在普羅大眾眼裡，咖啡到底是洋人愛喝的滑稽玩意兒。廣州開埠最早，領風氣之先，大約1836年，就在今天廣州十三行服裝批發市場附近，丹麥人開了一家咖啡館，那是中國第一家咖啡館。但華人並不進去喝咖啡，覺得那杯黑乎乎的苦水形跡可疑，稱之為「黑酒」。嘉慶年間的《廣東通志》就說：「外洋有葡萄酒……又有黑酒，番鬼飯後飲之，云此酒可消食也。」

宮裡是何時開始喝咖啡的，我們不得而知，倒是有一套18世紀英國人向大清皇室進獻的咖啡具，共9件，其中包括白瓷壺、罐各1件，白瓷杯、碟各2件，銀質勺2個，銀夾子1個。白瓷上飾以花紋，口沿處描金、描藍，足部包以銀質花枝，底部書英文 Royal Worcester England，正是大名鼎鼎的皇家伍斯特。這套咖啡具鮮少使用，一直到了末代皇帝溥儀那兒，才成為了他的專用咖啡具。雖然喝的是咖啡這樣的西洋玩意兒，但整個器具呈現出濃濃的東方元素。溥儀還很愛一套銀質咖啡具：咖啡壺嘴和把手設計成竹節的樣子，壺身上有菊花紋飾，而糖罐上則刻著二人在樹下對弈的場景。

因受教於英國人莊士敦，溥儀深諳喝咖啡的門道，「如果喝咖啡像灌開水，拿點心當飯吃，或者叉子勺兒叮叮噹噹地響。那就壞了。在英國，吃點心、喝咖啡是 Refreshment（恢復精神），不是吃飯。」老佛爺也喜歡趕時髦，曾找駐法公使裕庚的夫人要過咖啡，想嘗嘗洋人飯後喝的「苦水」。光緒皇帝愛喝咖啡則是公開的秘密，《前清宮詞》寫到他頗嗜咖啡，詩云：「才罷經筵紆宿食，機爐小火煮咖啡。」

1908年，光緒駕崩，宮中秘不發喪之時，《紐約時報》率先報導了這個消息，並引用了一位外交官的話，他描述不久前面聖時所見：「大清國皇帝陛下的容貌看上去要比他的實際年齡更顯衰老。他額部凹陷，臉色發黃。看到我們這群外交官時，他的精神羞怯，那呆滯的眼神此時此刻可能是由於鴉片或咖啡的作用而有了光澤。他的嘴角流露出的是悲傷、疲憊和有些孩子氣的笑容。」

光緒皇帝肯定想不到，若干年以後，央視某著名主持人公開抨擊北京故宮，扣帽子扣到宮裡的星巴克是對中國文化的糟蹋。老佛爺若聽見，必然翻一萬個白眼：這點兒見識，可遠不如抱殘守舊的大清國呢。

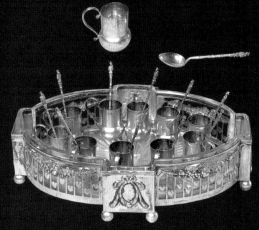

北京故宮遴選收藏了一套遜清皇室時代的銀鑲框玻璃洗，裝飾上以西方的簡約風主導，但又融入了清代元素──每個勺柄的頂端都鑄有一個清代官員的形象。

大清洋飯運動

咖啡、香檳、烤火雞與其朋黨們在晚清傳入宮中，開啟了中國人吃西餐的時代，也見證了紫禁城最後的餘暉。情願或不情願，從皇室到民間，最終都接受了與西餐一同到來的新時代。

溥儀番菜研究報告

一九二二年十二月三日，溥儀大婚典禮的第三天，溥儀喊來北京飯店的餐飲團隊帶著豐盛的冷食、糕點和香檳進了宮——他要舉辦一場西式酒會，招待前來向他祝賀的各國洋大人。文＝王璞 攝影＝陳超

這場酒會的現場氣氛很輕鬆，當時以「遜位皇帝」身分出席的溥儀，沒穿龍袍，也沒坐龍椅，而是牽著「皇后」四處走動跟各種人 Say Hello，儼然一對西洋風交際咖。酒會開始後，溥儀優雅地拿起一杯香檳，然後用純正的英語向現場的來賓致了全英文謝詞，說完便舉起手中的香檳一飲而盡。

是的，末代皇帝溥儀，就是這樣的西洋風達人。而在他的西洋風（西餐風）之路上，有兩個人扮演了至關重要的角色──莊士敦和伊麗莎白。

1919 年三月，經李鴻章之子李經邁引薦，畢業於英國牛津的蘇格蘭人莊士敦成了「小皇帝」溥儀的英文老師。事實上，他對溥儀的影響，用溥儀自己的話說就是：「他教的不只是英文，或者說，英文倒不重要，他更注意的是教育我像個他所說的英國紳士那樣的人。」耳濡目染之下，溥儀開始學著穿西裝，置辦服裝搭配的各種零件：懷表、戒指、袖扣、領帶……當然絕不僅此而已，辮子剪了，眼鏡配了，為了騎自行車還把宮裡的門檻砍了，在紫禁城裡裝上了電話後居然還把胡適「電召」進宮聊了聊天。嗯，這位末代皇帝還有了自己的英文名──亨利。有一段時間，宮裡經常能聽到「亨利」跟他的伴讀發號施令：「威廉姆（溥傑），快把我 pencil 削好，好，放在 desk 上！」「阿瑟（溥佳），today 下晌叫莉莉（溥儀三妹）他們來，hear 外國軍樂！」短短幾年，這位中國封建王朝的末代皇帝被莊士敦這個蘇格蘭人打開了全新的人生……

那麼，伊麗莎白又是哪位？必然不是英國女王，但她的中文名你肯定知道──婉容。在天津長大的婉容，自小就有洋人家教，而就是如此的成長背景，讓她和當時已開始接受西式教育的溥儀很對路。這一對身居深宮的年輕小兩口兒甚有情趣，兩人最愛做的就是：其一，每天都用英文互傳小紙條兒，傳遞甜言蜜語……其二，吃西餐。

雖然在婚前已被莊士敦瘋狂灌輸西方文明三年多，但溥儀對於西餐的「第一次」卻是獻給了婉容。婚後不久，禁不住婉容的一再慫恿以及強烈好奇心的驅使，溥儀決定嘗一嘗西餐，於是專門派人到使館區的六國飯店打包了一大套帶回宮裡。溥儀拿起筷子小心翼翼夾了個菜送進嘴，瞬間大呼：「這也太難吃了！」雖然這第一次的客戶體驗並不怎樣，但他顯然已被吊起了好奇心，興致勃勃地拉著婉容叫她傳授吃西餐的正確姿勢──就此，婉容一個不小心就成了開啟溥儀西餐之路的啟蒙導師。

不過，真正引領溥儀走上西餐之路正軌的還得是他的洋老師莊士敦。莊師傅對這位學生施行的是全方位無死角的西化教育，既然學生已經開始吃西餐，那麼他的飲食生活自然也要開始向一個正宗的西方人看齊。1923 年八月二十五日，一份名為《實事白話報》的報紙登載了一條以〈清室添設番菜廚房〉為題的新聞：「清帝宣統喜食大餐，現在養心門外設立番菜廚房，由某番菜館延得庖師四人進內，已於二十三號開辦。」不知是不是通過當時仍在紫禁城內發行的「宮門抄」（宮廷官報，張貼於宮門，主要內容是宮廷動態）獲取的情報，這條新聞切實得很。1923 年，宮中將御茶膳房裁撤，設立野意膳房，做中餐，與此同時「番菜房」成立，主攻西餐，並且配備了 4 名西餐廚師。沒過多久，溥儀總覺得中國人做西餐不可能比得上洋人，於是便讓跟著莊士敦一起來中國的洋廚進宮赴任。那段時間，為了配合洋廚做西餐，番菜房一次就添置了銀盤、銀碗各 20 件，咖啡壺 3 把，銀刀、銀叉、銀勺各 20 把，然後，因為每到夏天溥儀都特愛吃冰淇淋，為此廚房還特意準備了兩個冰淇淋桶。值得一提的是，景德鎮專為溥儀特別燒製了一套白地紫龍紋飾的西餐套件，包括大、中、小號盤、碗，以及湯盆等一共 40 多件──這可能是史上唯一的一套中國宮廷訂製版西餐餐具吧！

咖啡

「說起這咖啡，朕還真是行家，首先選豆子就得看產地，這緯度、海拔、氣候、土質、降雨量……」

「皇上，我這聽得都頭暈，您可饒了臣妾吧！」

溥儀愛上了西餐，最高興的自然是婉容。在紫禁城裡時，成婚後的溥儀每天都要和一后（婉容）一妃（文繡）一起進餐，婉容和溥儀都愛吃西餐，可文繡吃不慣，於是為了將就兩位女人，溥儀便安排了每天的用膳日程：早餐和婉容一起吃西餐，而到了晚上則帶上文繡一起吃中餐。不過沒多久，三人同桌而食的局面就維持不下去了，在吃飯這塊夫妻三人就此分道揚鑣，各奔「中西」。正所謂吃不到一塊是感情的死穴，所以這也可以算是他們後來感情發展史的一次先期預演吧。

1924年十一月五日，上午9點時溥儀還在儲秀宮裡跟婉容啃著蘋果嘻嘻哈哈聊著天，下午還沒到3點，這位末代皇帝就攜家帶口裹著鋪蓋捲被20幾個扛槍大兵轟出了紫禁城。出了宮的溥儀在轉年的「二月二，龍抬頭」這天坐著火車到了人生第二站：天津。

天津的日子顯然舒服自在得多，溥儀和婉容這二位西餐同好會成員在天津享受得好不快樂：家裡配有將近20個廚師，其中有6個做西餐，但溥儀很少在家吃，多數時候都是拉上婉容開上他們新買的寶石藍色別克小轎車奔赴租界下館子。

婉容自小在天津長大，心中自有一份完美的美食地圖：英租界的利順德他們去的次數最多，生菜沙拉、烤火雞、清雞湯、炸比目魚、煮鱈魚、牛里脊肉扒素菜、油酥盒子、英式小點心、奶油栗子粉，再來點兒法國赤霞珠、德國雷司令，白蘭地、香檳同樣應有盡有。偶爾的下午，他們也會來利順德的咖啡廳喝咖啡，聽西洋音樂，趕上心情不錯，溥儀還會給隨從們每人點杯咖啡，然後給大家講一講喝咖啡的學問。

在相距不遠的德租界，起士林的VIP名單裡同樣有「帝后」二人的名字，炸豬排、罐燜牛肉、奶油芝士烤雜拌、奶油酸牛柳、紅菜湯、肉雜拌湯都是這家的招牌菜，餐廳領班自然熟識兩位貴賓，每每他倆到店，都會熱情推薦新出的特色菜，不過溥儀小兩口自有心頭好，像德式糕點、奶油冰淇淋、果料刨冰就特合他倆的胃口。法租界的正昌咖啡店進口各種咖啡豆，現磨現賣，法國大菜也足夠道地，不過溥儀對這些都不太在意，獨獨鍾情於法國大廚主理的餅房，家裡的麵包和甜點統統出自這裡。

溥儀對西餐愛得認真，愛得深沉，甚至愛屋及烏。1928年的一天，溥儀在利順德吃到了一份煎腸，覺得味道著實不錯，於是忙打聽是誰

奶油栗子粉

「伊麗莎白，下午打完網球陪朕去吃下午茶吧！」

的手藝。一個叫王豐年的廚師從後廚跑出來「觀見」，深得溥儀賞識，於是很快便成了「御廚」。如此這般的情境同樣出現在了正昌咖啡店，西點烘焙高手于清和也被「聖上」收於帳下。1931 年十一月十日，溥儀喬裝打扮順海河抵達大沽口，坐上了「淡路丸號」日本商船奔赴東北，自此，前後長達七年的天津滋潤小日子宣告結束。不過，「皇帝的美味日常」並未就此完結，因為沒過多久，一道「諭旨」就把王豐年和于清和召去了長春。

溥儀顯然是一個執著到骨子裡的人，不光執著於復辟帝制這個「人生終極夢想」，同時還一直在兼顧著執著於自己的「味蕾信仰」。偽滿洲國的所在地長春雖是「新京」，但畢竟條件有限，無法滿足這位在吃喝方面從不含糊的「皇帝」。對此，溥儀沒有條件創造條件也要追求各種飲食上的花樣和口味，他下令叫在天津的辦事處和北京的親屬，長期根據他的需求代購各種食品或茶膳房的原料。代購清單裡有各種京津小吃、茶葉和水果，當然更少不了藏在心底的「那一口兒」。1939 年一月十九日，天津靜園辦事處致函「帝宮司房」毛永惠，其中談到遵囑在天津購買糕點之事。信中說：「前傳買阿華田麥乳精及麵包乾、餅乾等，今買得阿華田麵包乾六盒、餅乾六盒。惟阿華田麥乳精現因無貨，故買華福麥乳精六盒。」

長春的幾年，溥儀在偽宮中一如既往地專設了一個西膳房，由天津過來的王、于兩位「愛廚」主事。一般情況下，一個月裡溥儀至少要吃上十天八天的西餐，有時也有可能連吃半個月，常規菜單是兩個菜、一個湯、一個點心，再加上麵包、水果，有時來一杯雞尾酒，有時則喝一點葡萄酒或者白蘭地。如果外出「巡幸」，溥儀肯定會帶上西餐廚師，而若要在偽宮中「賜宴」，那麼不出意外也一定是西餐。平日裡溥儀的西餐都由偽宮的西膳房來負責，但舉辦宴會的菜則要由日本人指定的大和旅館來擬定並包辦製作，不過溥儀個人的那一份除外，仍由「內廷」的廚師自行完成。當然，溥儀的那一套菜不論菜式還是花樣都要與宴會保持一致。為此，廚師會在事前專門到大和旅館去核對菜單甚至做法，以確保宴席不致出現太大的偏差。

1934 年七月，溥儀的父親載灃帶著溥儀的弟妹們到長春，「皇帝」大擺家宴。雖是家宴，但「皇帝」親自立下的「宮」裡的規矩不能破，只要是宴，就得是西餐，甚至座席位次的排列也一定要依由西方的規則。按照溥儀的安排，他一腳邁進宴會廳，宮廷樂隊就馬上開始演奏，至於奏的什麼曲子，當事人溥儀在多年後早已記不起來，但那種 Feel 卻很難忘：「他們愛奏什麼就奏什麼，反正喇叭一吹起來，我就覺得夠味。」伴著西洋音樂，溥儀一家起立舉起香檳並高呼：「皇帝陛下萬歲，萬歲，萬萬歲！」聽到這個，溥儀已然酒不醉人人自醉了。

香檳

「小順子，趕快去給朕準備幾個瓶
CHAMPAGNE，TOMORROW 我要請幾個洋人
FRIEND 吃飯。」

李鴻章告訴你，這碗傳承百年的牛肉汁究竟什麼味道

李鴻章大人以 74 歲的高齡出訪歐美，精力實屬罕見。
若是上養生節目，李中堂一定會堅定地秀出自己養生的
秘方：保衛爾牛肉汁。文＝李舒｜插畫＝突突

Beefy
Drink

天一冷，我就生無可戀。

這種很容易伸手不見五指多吸兩口空氣就能毒發倒地下點雨就能堵得尿急的天氣，不想吃的，還能幹嘛？

我就是這麼膚淺的人。

有一段時間，我像發了瘋一樣，想牛肉汁。

這當然是從《半生緣》裡看來的：

翠芝便到她表姊房裡去告辭。一進門，便看見一只小風爐，上面咕嘟咕嘟煮著一鍋東西。翠芝笑道：「哼，可給我抓住了！這是你自己吃的私房菜呀？」大少奶奶道：「什麼私房菜，這是小健的牛肉汁。小健病剛好，得吃點補養的東西，也是我們老太太說的，每天叫王媽給燉雞湯，或是牛肉汁。這兩天就為了世鈞要回來了，把幾個傭人忙得腳丫子朝天，家裡反正什麼事都扔下不管了，誰還記得給小健燉牛肉汁。所以我賭氣買了塊牛肉回來，自己煨著。這班傭人也是勢利，還不是看準了將來要吃二少爺的飯了！像我們這孤兒寡婦，誰拿你當個人！？」她說到這裡，不禁流下淚來。其實她在一個舊家庭裡做媳婦，也積有十餘年的經驗了，何至於這樣沉不住氣。

（張愛玲《半生緣》）

看起來，牛肉汁等於燉得很濃的牛肉，吸收了牛肉的精華，而不用吃牛肉渣渣，這在我的少年時代，留下了多麼深刻的印象。我問我媽，我媽表示完全不知道這是什麼

東西，大概和雞精差不多？

我完全不信，雞精是我小時候最厭惡的東西，被媽媽逼著喝了兩次，味道腥到像剛吃了十口沾著雞屎的生雞肉。即使兌了溫水，味道只有更壞，因為對於小朋友來說，那種複合型的複雜口感，是難以理解，並且再也不想理解的。

但不知道怎麼的，我偏偏篤定，牛肉汁，肯定比雞精好喝一百倍。

要不然，怎麼連中堂大人李鴻章都如此熱愛呢？

李鴻章大人，在很多小朋友的眼裡，他是簽訂喪權辱國條約的漢奸。

但在我心中，他是個英雄。

1901 年，太后和皇上逃到西安，清政府把這個 78 歲的老人推到北京去處理爛攤子，直面八國聯軍的威逼。這個人當時已經接近油盡燈枯，他一邊大口大口吐血（胃出血），一邊把聯軍提出的 10 億兩白銀賠款，幾乎是討價還價一般，降到 4.5 億兩。

這已經是走到生命盡頭的他能夠為國家盡的最後一份力了。這個老人窮其一生，為國家糊了一個房子，雖然是紙的，但他盡力讓這房子顯得體面、再體面一點。在生命的最後時刻到來時，他還在病榻上與俄國公使簽字。

李鴻章大人一生，除了為中國和平鞠躬盡瘁外，還做了兩件事：第一，發明了影響美國人口味一世紀的「李鴻章雜碎」；第二，自願充當保衛爾牛肉汁的大中華區代言人。

根據四川總督劉秉璋的兒子劉聲木同學的可靠情報，李鴻章對他爸爸說，自己每天服牛肉汁、葡萄酒二項，皆經西醫考驗，為泰西某某名廠所製，終身服之，從不更易。牛肉汁須以溫水沖服，熱則無效，葡萄酒於每飯後服一小杯，以助消化。

不僅自己喝，還經常送給別人喝。給兒子寫信，李鴻章不忘囑咐：

伯王前索牛肉精（寄去四盒，其太福晉老病，當合用），

恭邸要野白術（寄去二觔），或視往送呈，或專弁交，汝酌。孫燮臣（家鼐）函索牛肉精，寄去兩盒，專弁送交。

中堂大人是什麼時候喜愛上牛肉汁的？現在已經不可考，但有一點是可靠的，那就是，那時候的牛肉汁是個很潮很潮的東西。

保衛爾牛肉汁誕生於 1812 年，發明者號稱，只需要 12 克便可滿足人體每日對 5 種維生素 B 的需求。製作方法看起來很原始：「用水浸泡生牛肉，濾出汁液後煮沸，讓水分蒸發，再將殘渣壓成方塊。」

據說，到 1888 年，已經有三千多家酒店、雜貨店和藥店銷售這種牛肉汁，品牌叫保衛爾（Bovril Sauce）。早期的保衛爾牛肉汁廣告鋪天蓋地，現在只要在谷歌上隨便一搜，可以搜出各種，說來說去就是，吃了保衛爾牛肉汁，男的精壯，女的漂亮，小孩聰明，老人還能多活五百年。

早期廣告還專門以體驗類報導的方式介紹了這種高能量便利食品的飲用方法，可加入熱水直接飲用，也可拌稀飯、熬湯，甚至可以直接塗在麵包片上。但他們肯定想不到，在山的那邊海的那頭，中國首席高官李鴻章大人，就這樣愛上了這種深褐色的液體。

英國《倫敦新聞畫報》曾經有一個報導，是李鴻章訪問歐洲和美國時的專題，配的是一幅版畫，李鴻章在安排工人裝運帶回國的英國商品，其中有維多利亞肥皂、雷明頓打字機和保衛爾牛肉汁。

保衛爾牛肉汁的粉絲絕不僅僅只有中堂大人，胡適同學生病的時候，想到的第一件事情就是喝「英國進口的補品保衛爾牛肉汁」，最後居然把自己的皮袍子典當，得了 8 塊錢，然後讓朋友去買牛肉汁，用掉 3 塊。

我每次看到這裡都想咆哮——

胡適，你這個敗家孩子，這絕對是一筆巨款好嗎，要知道，那時候一個普通職員一個月的薪水不過 6 塊錢。半個月薪水用來喝牛肉汁，拿塊牛肉自己小火燉一燉，性價比要高很多呀！

保衛爾牛肉汁粉絲會的代言人還有：

林語堂

英國人所感興趣的是怎麼保持身體的健康與結實。比如多吃點保衛爾牛肉汁，從而抵抗感冒的侵襲，並節省醫藥費。

南丁格爾

對於病人來說，牛肉茶具有強大的滋養功效……我們雖然不知道肉茶裡到底有什麼，但其中的確存在著某些幫助修復的物質。並且，肉茶可能適用於任何炎症性疾病……只要病人需要大量的營養，肉茶就能夠幫上忙。

海明威

接下來的星期一早餐我去丁香園寫作，安德烈給我送來一杯牛肉汁，那是一杯兌了水的保衛爾牌濃縮牛肉汁。

　　我的朋友小 L 早於我喝到了保衛爾牛肉汁——在球場上。據說，英超和蘇格蘭的足球比賽，球迷們都習慣在冬天，攜帶一瓶專門沖兌好的牛肉茶，用來取暖。而現在的球場，也會出售保衛爾牛肉茶。

　　上個月，我去香港時，意外遇到了一位香港「老炮」，他告訴我，在殖民時期，香港的茶餐廳提供一款叫作「牛肉茶」的飲品，其實就是保衛爾牛肉汁兌水。但香港人把這款醬汁的用途發揚光大——做黑胡椒雞翅或者牛柳時，會加入一些保衛爾，以求味道更為濃烈。也有一些老人

家，喜歡用保衛爾牛肉汁拌飯送粥。

　　最終，我帶著一瓶保衛爾回到了北京，用兌水熱飲和抹麵包的雙重方式見證了這個連通古今的神奇時刻——

　　你們能猜想到，中堂大人所愛的牛肉汁，胡適同學賣掉袍子買來的牛肉汁，被林語堂推崇備至能治百病的牛肉汁，到底是什麼味道嗎？

　　一嘴的雞精味！

　　還是有點鹹的雞精！摻了板藍根的雞精！

　　都是嘴饞惹的禍。

西餐外交進化史

洋務運動三十年，帶來了火車、報館、電燈、新式學堂，還有西餐。別的不好說，但在請客吃飯這件事上，清宮是真正做到了「師夷長技以制夷」。文＝蔣小娟｜攝影＝陳超

　　美國傳教士赫德蘭（I. T. Headland）曾這樣描述清朝宮廷如何招待洋人：「餐桌上鋪著顏色十分豔麗的漆布，但是沒有像樣的桌布或餐巾，我們都用和手帕一樣大小的五顏六色的花棉布做餐巾。沒有鮮花，桌上的裝飾主要是大盤小盤的糕點和水果。」（《一個美國人眼中的晚清宮廷》）

　　很顯然，在這位傳教士的筆下，清朝宮廷還不大有請洋人吃飯的經驗，整個筵席的菜式與擺設皆遵循常規的清宮禮儀，並沒有考慮到外國人的口味與習慣。這不奇怪，在洋務運動之前，整個宮廷和官場都對西餐非常陌生。1844 年中法簽訂《中法黃埔條約》，法國官員與兩廣總督耆英在澳門談判。法方準備了工作餐，中國官吏面對法式菜餚與湯，都不知所措，也用不慣刀叉，最後乾脆用手抓著吃。晚清時期，國家積貧積弱，朝廷在對待洋人的態度上也再無底氣擺出「天朝上國」的譜，從抵制轉為溝通，由輕視轉為學習。洋務運動興起，總理衙門設立，一批洋務重臣閃亮登場。搞外交工作，「請客吃飯」必不可少，以至於不明真相的外國人現在還在流傳左宗棠雞、李鴻章雜碎的傳說。

最好的香檳與飯後的苦水

　　紫禁城也與時俱進地開展了轟轟烈烈的「洋飯運動」。赫德蘭之前描述的狀況，很快得到了改進。他欣喜地發現：「我之所以講這些，是因為以後觀見慈禧太后及光緒皇帝時，所有這些禮節都變了。桌上鋪著雪白的桌布，擺放著色彩濃豔的鮮花。康格夫人在美國公使館宴請格格們之後，宮裡更加重視學習外國的禮儀。可以看出，這些公使對最微不足道的事如桌布擺放和裝飾都很重視。後來再進宮參加宴會時，都是既有中國菜，又有西餐。」

　　說起來，清宮外事接待水平的突飛猛進正是源於美國公使康格夫人的這一次宴請。1902 年三月，康格夫人邀請大公主、太后的姪女、慶親王的兩位夫人和三個女兒、恭親王的孫女等皇室女眷前往美國公使館用餐。這頓飯，福晉格格們吃得格外謹慎，如同林黛玉初進榮國府，步步留心，時時在意。她們帶著任務而來，心中默默記下西餐的餐桌布置、座次安排、上菜流程，仔細觀察康格夫人的每一個動作，模仿她使用刀叉的方法。餐後，諸位女眷還與大使夫人一起喝茶、聊天，體驗了一場西式社交。

「學成歸來」的宮眷們很快在宮廷宴請時學以致用。雖然白色犯了宮中的忌諱，桌上還是鋪上了雪白的桌布，擺上了鮮花。餐具多採用金銀器皿，並配有西式刀叉。除了朝中貴婦的努力學習，還有「海歸派」的支援。大清駐法公使裕庚有兩個女兒，裕德齡和裕容齡，兩姊妹從小在歐洲長大，精通外語，回國後成為慈禧太后的御前女官。據裕德齡回憶，極為好面子的老佛爺，常常親自過問外事宴請的安排。《我在太后身邊的兩年》中記錄了一次接待美國海軍上將的妻子伊萬夫人的宴會：

午膳設在太后宮後的養雲軒，這裡專門用作宴會廳或者休息室。除了太后、皇后和瑾妃，所有的御前女官都入了席。為了布置好餐桌，我整整用了兩個小時。太后吩咐用白色桌布，那樣看起來比較乾淨……太后說：「儘管康格夫人是美國大使的妻子，但她在北京常住，更像是自家人。伊萬夫人才是貴賓，應當坐首席。」

　　這次宴會動用了金質菜單托架、銀質餐具，準備了24道滿族菜式（中餐），以及糕點、蜜餞、裝在小金盤子裡的杏仁和西瓜子。老佛爺特意叮囑了要準備最好的香檳，「我知道這些外國女子都喜歡喝酒」。

　　厲害了，老佛爺！她不但知道香檳，還曉得咖啡。裕容齡曾在《清宮瑣記》裡提到宮眷們去俄國大使館赴宴，回來後慈禧問大公主：「今天吃得好不好？蒲郎桑太太說了些什麼？」大公主說：「吃得很好，主人也很客氣，就是飯後的那碗苦水奴才不愛喝。」慈禧說：「大概是咖啡吧？我聽人說飯後喝咖啡是消食的。」老佛爺又問裕容齡的母親：「咖啡有法買沒有？我也想喝點。」裕夫人忙回：「奴才家裡有，老祖宗要喝，明天叫他們拿來孝敬老祖宗。」

　　在慈禧的主理下，清宮操辦外事宴請越來越熟練，到了1903年的重陽節，甚至在頤和園擺出了仿西式的自助冷餐，邀請各國公使夫人前來賞菊。

番菜館融入日常

　　上行下效，宮廷中的西餐風很快颳到了官場與民間，和洋人的一次飯局甚至導致了一場新聞輿論戰。光緒四年（1878），中國駐英公使郭嵩燾偕同如夫人，宴請英國商人及家眷，引起輿論大譁，認為身為朝廷大員攜內眷赴宴，男女混雜，成何體統！為此《申報》發表評論文章〈論禮別男女〉，為郭公辯護說：「禮之所以別男女也，泰西人未嘗泥之而能合禮之本，中人則無不知之，而徒存禮之末。」見輿論難平，《申報》又發文〈男女相見禮節辨〉，盛讚西方婦女的社交禮儀說：「中國男女之節至為嚴肅，以泰西風俗例之，幾疑其有小家氣，不若西人婦女落落大方也。」

　　由官員士大夫和富商巨賈帶頭，西餐館很快在中國落

具是藍皮套匣藍絨裡，金餐具是紫絨皮盒紫絨裡。錯金鏤彩，刀刻有深有淺，粗細線條顯然雲雷蟠螭紋」。識貨的人一眼認出這些餐具是從清朝宮廷流出的，一打聽，東華飯店竟是莊王府總管裴玉慶開的。

不只是帝都與通商口岸，吃西餐的時髦風尚連內陸城市都不能免。在清末成都戲園中，「園中飲食尚便，大餐（西餐）、中餐、點心、茶水均有售者」，戲園餐單上亦包括千層蛋糕、卷筒蛋糕、櫻桃酥餅和杏仁酥餅等西式點心。

西餐在華的普及過程中，有一位美國婦女功不可沒，她是美國傳教士高第丕的夫人瑪莎・高第丕（Martha Foster Crawford）。1866 年，這位隨丈夫在上海旅居多年的女士在上海美華書館出版了已知最早的西式食譜——《造洋飯書》。此書一推出就大受好評，成為暢銷書，在清代至少被重印過 4 次。高第丕夫人的初衷，原本是方便在華居住的洋人，用來指導家裡中國廚師做西餐。當時中國廚師有自己的一套做法，對一些西洋食材，比如奶酪，嫌棄得不得了。加上語言障礙，洋人在家能吃上一口正宗西餐頗為不易。高第丕夫人的《造洋飯書》通俗易懂，更貼心的是，高第丕夫人在每個烹飪法上編寫了號碼，並在書後羅列出中英對照索引表。這樣，不懂中文的外國人也可以透過序號，來告訴自家廚師想要吃些什麼。

到了清末民初，各大城市中大大小小的西餐館林立，吃西餐也不再神秘，普通老百姓也可以去廉價西餐館嘗嘗新鮮。生於清末宣統年間的陳存仁幼時隨父親去英租界吃西餐，據他回憶，「在一家很簡陋的粵式西餐館進餐……西餐是每客小洋二角，我第一次吃到牛油麵包和炸豬排。父親告訴我，牛油和麵包是不要錢的，我就吃了很多，覺得塗了牛油滑潤異常，極為可口」。

陳存仁大吃牛油麵包的第二年，俄國十月革命爆發，十幾萬白俄逃到了上海、哈爾濱等地。針對這些家財盡散的窮白俄顧客，俄餐廳提供炸豬排、羅宋湯，還有麵包，這樣一頓羅宋大餐只要 1 塊 2 毛錢（同時高檔西餐館最低消費 30 元）。至此，西餐算是真正融入了中國百姓的日常。

地生根。池志澂在《滬游夢影》中描述過當時上海的番菜館，也就是西餐館：「番菜館為外國人之大餐房，樓房器具都仿洋式，精緻潔淨，無過於斯，四馬路海天春、一家春、一品春、杏林春皆是也。人各一肴、肴各一色，不相謀亦不相讓，或一二人，或十數人，分曹據席，計客數不計席數……亦沾染西俗之一端也。」

上海開埠早，一時領風氣之先，但據唐魯孫先生回憶，盛京清寧宮所收藏的清代歷朝實錄滿族檔案裡，記載有：康熙初年，光祿寺奏報添置西餐所用刀叉器皿，雇用洋廚，接待外賓；平日無事，准其在外開館子營業。這證明北京有西餐館是在上海之先。唐老爺子念念不忘民國北平東華飯店的蒜兒罐頭燜雞，以及講究的餐具，「銀餐

奉旨吃飯

宮裡的宴會如流水，隔三岔五就要辦一個大宴會。去皇上家蹭飯容易嗎？如何才能獲得貴賓待遇？愛新覺羅家的年夜飯上會不會也有長輩們嘮叨皇子們的成績？與我們一起一探究竟。

皇帝的飯可不好蹭

一直很懷疑，清朝文武百官在除夕守歲之時，
他們的內心戲會不會是：不要啊！明天又要去太和殿赴宴了……

文＝蔣小娟｜插畫＝肉子

到底什麼時候宴會才能結束啊！

再這麼坐下去我妝都要花了～～～

其他姊姊怎麼坐得那麼直！我不能輸！

這菜能好吃嗎～不知道是不是張大人做的～

哪裡來的賤人，一天到晚勾引皇上！！！

你的好友甄嬛發出了入隊請求～

這麼些人站著多無聊，不如湊幾桌麻將～～～

宴會根本沒吃飽，早知道提前讓小廚房準備些點心

表演太無聊了吧！！！

表演太無聊了吧！！！+1

表演太無聊了吧！！！+10086

乾隆五十年（1785）的正月裡，三千多名老頭兒從四面八方趕赴京城，於大年初六這天在朔風凜冽的紫禁城中集結，等待一睹天顏。這些人有親王、郡王、蒙古貝勒、貝子、公、台吉、額駙、回部伯克、西南土官、大臣官員，以及士農工商等，都是些年過60的老者。他們進宮是為了赴宴——乾隆皇帝的千叟宴。

乾隆一向愛熱鬧，好出鋒頭，深以為自己執政的這50年政通人和、盛世太平，決定搞一個大活動。名義上是向他的祖父康熙皇帝致敬，但乾隆千叟宴的人數是康熙那次人數的兩倍有餘。

筵席擺在乾清宮，只有位份高的王公大臣才有機會坐在殿內和廊下，其他人等只能坐在丹墀甬道。頃刻，中和韶樂高奏，鼓樂齊鳴，乾隆老爺子閃亮登場，升入寶座。鴻臚寺贊禮官贊行三跪九叩之禮，三千老者同向皇帝叩拜。接下來，還有奉茶進爵（進酒）等一套煩冗複雜的儀式。算下來，可憐這些老人家，尚滴水未進，就已經在嚴寒中四跪十三叩了。

這一趟折騰下來，也不知算是敬老，還是虐老……不過，得以進到紫禁城之三生有幸，得以遠遠朝皇上磕一個頭之感激涕零，已是大滿足。清朝宮宴名目繁多，曲宴宗室、廷臣宴、大蒙古包宴……進宮赴宴，面子上有榮光，裡子上卻是一件苦差事。

國宴好不好吃

我們以元旦（正月初一）大節為例。這一天皇帝要在太和殿設宴，招待王公貴戚、外國使節。按照清宮的典制，每席的菜品包括：

四色印子4盤，四色餡白皮方酥4盤，四色白皮厚夾餡4盤，雞蛋印子1盤，蜜印子1盤，合圓例餑餑2盤，福祿馬4碗，鴛鴦瓜子4盤，紅白饊枝（子）3盤；乾果12盤。鮮果6盤，分別是蘋果7個、黃梨7個、紅梨7個、棠梨8個、波梨8個、鮮葡萄12兩；還包括一碟鹽，另有小豬肉1盤、鵝肉1盤、羊肉1方。

清代宮宴分滿席、漢席；滿席又分為六個等級，漢席則分為五個等級。元旦大節的太和殿筵宴是四等滿席的典制。吃點心喝奶茶，並不是我們想像中的珍饈美饌。而這已經是「活人」能享用的最高等級筵席了。為什麼這麼說呢？因為清廷國宴中最高等級的筵席都是為死去的帝后祭祀時所設。太和殿舉行的國宴只能用四等及以下的滿席，所以說這已經是招待「活人」的最高規格了。

這樣一桌席面，看起來更像是麵粉和梨子的大會，乏善可陳。而作為固定典制，這樣一份元旦大節的膳單年年歲歲皆相同。對於進宮赴宴的王公大臣來說，可謂毫無新鮮感。

赴宴者 AA 制

每年元旦、冬至、萬壽節三大節午正時刻，清廷按例在太和殿舉行盛大宴席。宴桌分設在數個地方，皇帝御宴桌設在太和殿正中地面上，台下設內外王公、額駙、蒙古台吉及回部的伯克等人宴桌；理藩院尚書、侍郎及都察院左都御史等人的宴桌，設於太和殿前廊下，二品以上世爵、侍衛大臣、內務府大臣宴桌，設於在太和殿月台前臨時支搭的黃幕內；三品以下文武官員宴桌，設在太和殿院內臨時支搭的八個藍布幕棚內。太和殿大宴共設210席，皇帝御宴桌由內務府恭備，其他宴桌由親王、郡王、貝勒、貝子恭進。

注意到沒有？只有皇帝那桌是由內務府備辦，其他桌由王公們「恭進」。太和殿國宴的費用並不是全部由國庫承擔，有爵位的王公們必須「見者有份」。酒席所需的羊與酒都需要王公按爵位等級進獻：親王每人進8席，郡王5席，均進羊3隻、酒3瓶；貝勒進3席，貝子2席，均進羊2隻、酒2瓶；入八分公進1席，羊1隻，酒1瓶。羊得要是大蒙古羊，酒每瓶10斤。

不但不能白吃白喝，還得「自備碗筷」。進獻的席面還需包含餐具。以親王進獻的8席為例：其中大席1桌，銀盤碗45件、盛羊肉大銀方1件、盛鹽銀碟1件。隨席7桌，

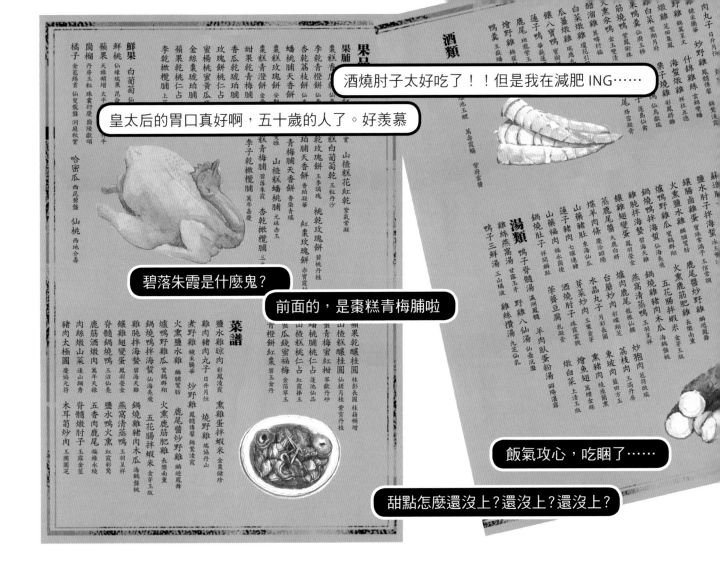

每桌銅盤碗45件、大銅方1件、盛鹽銅碟1件。

這招真是高明，不但能減少國庫的開支，還能增進王孫貴族的使命感與參與感。對於內務府來說，更是省事省力，或成最大贏家。

搭起蒙古包的宮廷野宴

滿族本身是遊牧民族。清朝建國初，用聯姻和結盟的辦法，籠絡了漠南蒙古族，成為清朝最可靠的盟友。到了康熙時期，平定了漠北蒙古外札薩克等四部落。這些部落為表示投誠忠心，每年以九白為貢，即：白駱駝一匹、白馬八匹。以此為盟信。每年蒙古部落進京獻貢後，康熙皇帝都會設宴招待使臣，謂之「九白宴」。及至乾隆時期，好大喜功的十全老人更進一步，辦起了「大蒙古包宴」——「回部、哈薩克、布魯特諸部長爭先入貢，上宴於山高水長殿前，及避暑山莊之萬樹園中，設大黃幄殿，可容千餘人」（清·昭槤《嘯亭雜錄》）。

數十座蒙古包在園中搭起來，重門拱衛，星羅棋布，與皇家行營的規制相仿。大蒙古包宴一般在中秋前後舉辦，大宴三天。英國特使馬戛爾尼曾有幸得見，他在《乾隆英使覲見記》中記述：「幄中一切陳設之物，如桌椅一切木器，既窮極華麗，而壁絨、帷幕、地毯、燈籠、纓繐、窗簾之屬亦無一非精品，而且顏色之相配，光線之選擇，無一不斟酌適宜，置日光間，目下所及，但覺金碧輝煌，五色交錯。」被亮瞎雙眼的馬戛爾尼感嘆道：「遠非吾

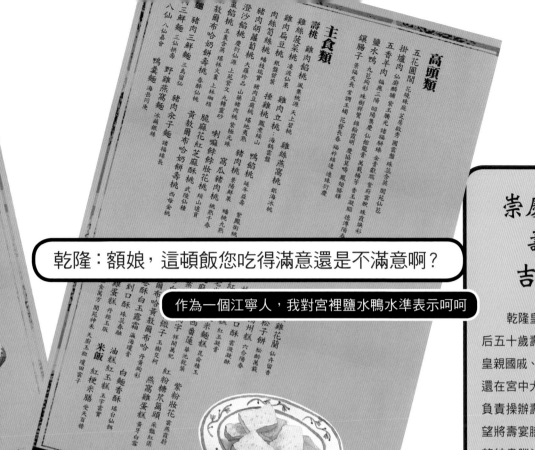

乾隆：額娘，這頓飯您吃得滿意還是不滿意啊？

作為一個江寧人，我對宮裡鹽水鴨水準表示呵呵

歐洲人所能及也。」大蒙古包宴除了喝酒吃肉，還有諸多遊戲活動，如「塞宴四事」：詐馬（賽馬）、什榜（蒙古樂舞）、教跳（馴馬）、布庫（相撲摔跤）。這在清宮死氣沉沉的宴會中可謂一股清流。

乾隆十八年（1753）冬，厄魯特蒙古四部之一的杜爾伯特部由其首領車凌、車凌烏巴什、車凌孟克（史稱三車凌）率領所屬三千多戶、一萬餘眾離開多年遊牧的額爾齊斯河，投奔至清廷管轄地烏里雅蘇台。乾隆皇帝龍心大悅，深知他們的歸附對安定戰亂頻繁的準噶爾部有著不可低估的影響，遂大加封賞。第二年五月，乾隆皇帝在避暑山莊的萬樹園舉行隆重的大蒙古包宴，熱情招待了他們，給予了 VIP 特別待遇。

宮廷畫家郎世寧奉旨對這次宴會進行了紀實性描繪，作《萬樹園賜宴圖》。我們能看到，在大黃幄殿內，以及殿外的空地上已經擺好了筵席，而畫面左側的帷帳外，御廚們正忙著在一口大鍋裡煮肉，並端出準備好的餑餑。滿蒙飲食習慣相近，歸順的蒙古人看見這樣的大塊肉食想必應該很有親切感。吃得到一處去，方能談得到一處去。大蒙古包宴對鞏固滿蒙聯盟功不可沒。

進宮赴宴，費時費力費錢，吃的也不過如此，僅僅是填飽肚子。更多時候連填飽肚子都來不及，全忙著去三跪九叩，山呼萬歲了。不知道各位大人在進宮前是不是已經在府中「打底」，墊了幾口。否則以一般人的體力和耐力，還真是撐不過大清國宴。

無法團圓的團圓宴

清宮劇裡常見皇子妃嬪、文武百官會聚一堂，熱熱鬧鬧地大辦筵席。醒醒吧，電視劇都是騙人的。清宮的宴會不但「國」與「家」涇渭分明，就連家宴也很難大團圓。

文＝楊不歡｜插畫＝李洋

皇帝　黃地綠彩雲龍紋碗

皇后　黃地黃裡暗雲龍紋碗

妃　黃地黃裡綠龍碗

大年三十要回家吃個團圓飯，對平常人來說是理所當然的事情，但是對於清朝皇帝來說，吃個「TVB劇」式「一家人齊齊整整」的飯，並沒有那麼多機會。

清朝皇帝的一家子，平時都要分開吃飯的：皇帝、后妃在寢宮吃，皇子、皇女在居所吃。皇室家庭極少能夠「合家歡」，也就是在除夕、元旦、萬壽節這些大日子，皇帝會搞搞飯局，與親友聯絡感情。歲末年初的時候，皇帝主要需要擺兩種宴席：與大臣吃的，稱為國宴；與家人吃的，稱為家宴。在一些清宮戲裡面，不時會出現後宮大擺盛宴的場面，皇帝嬪妃與皇子皇孫同席，滿朝文武百官齊聚一堂，談笑風生。於真實歷史來說，可是天大的誤會。

事實上，於禮方面，為了避免年長皇子和非生身妃嬪接觸，即使是皇帝的家宴，也要分開男女兩場吃。所以其實皇帝不會吃到一頓真正一家人完整的「團圓飯」：比方說在元旦（正月初一），皇帝先和妃嬪吃早膳，當天晚上則和皇子們吃飯。

北京故宮出版的《紫禁城悅讀》中記敘了乾隆二年（1737）時與妃嬪的元旦家宴。除夕的宴席從下午四點左右開始擺設，先擺好高頭、冷膳，等奏過後總管才開始傳旨擺熱膳點心。乾隆的金龍大宴桌放在乾清宮的正中地面，皇帝桌子的左側放著皇后的桌子，坐東面西；地面下東西向一字排開五個桌子，是妃嬪們坐的地方。皇帝用的是象牙筷子、金湯匙，點心調味用黃瓷盤、金碟子裝著。

待到五點一刻，皇帝入座，家宴正式開始，這才開始上湯飯。首先呈上乾隆的湯飯，有粳米飯、酸奶子、臥蛋湯、野雞湯各一品；其次是皇后的粳米飯和湯粉各一品，最後才上妃嬪們的湯飯。進膳開始，太監總管給皇帝跪獻奶茶，皇帝喝後，才輪到皇后和妃嬪；享用完奶茶和餑餑，開始吃關東鵝、野豬肉、鹿肉、羊肉等。總管太監再跪進酒和果桌，同樣依著皇帝、皇后、妃嬪的次序。后妃尊卑

有別，所用的餐具、享用的菜品，都能看出等級的高低。

家宴上的菜品主要是傳統的滿族食物，物料也大多是關東所產。流傳至今的菜品記錄最詳細的一次家宴，則是乾隆四十八年（1783）時的元旦家宴。當天早上七、八點，乾隆先在重華宮和妃嬪吃飯，吃的菜品包括拉拉菜

乾隆皇帝早年曾經立過幾個太子，但他想讓哪個兒子當太子，哪個兒子便不幸夭折。為了防止兄弟相爭，弘曆便在乾隆三十八年（1773）時立了一道最高密旨，這道聖旨寫著他心目中的繼承人，就藏在乾清宮「正大光明」的匾額後，無人知曉。

嬪　藍地白裡香雲龍碗

貴人　綠地白裡紫龍瓷碗

常在　白地白裡五彩紅雲龍碗

（滿語：黃米飯）、羊肉、盤肉、乾濕點心等。下午兩三點左右，就正式在乾清宮開始與男眷們的晚宴。

晚宴菜單裡除了清宮常見的鴨子，還有燒鹿肉、野豬肉、野雞、鵝、魚，吃餑餑和粳米飯，喝奶茶。在膳桌的東邊，各種精緻的點心、「奶子」、年糕、果盅、南小菜、清醬、醬三樣、老醃菜等各類小菜，琳琅滿目。冷菜熱膳，茶桌撤下之後，便開始轉宴了。所謂轉宴大席的意思，就是將宴席上的菜品和陳設，從皇帝桌前開始，在宴席上轉一圈，意為全家都可以共同享用。轉宴之後才是擺酒宴，酒宴同樣有葷菜和果子，全部用青白玉盤裝著。

家宴是禮儀儀式的一部分。《紫禁城悅讀》說，皇帝和后妃吃飯的重要性，在於「盡夫妻之情，答陰陽和合」，而和親王阿哥吃飯的重要性則是「以表人倫之大，以寓血脈續嗣」。事實上，家宴確實是清朝非常重要的場合，以至於乾隆的繼承人都是在家宴上曝光的。

直到乾隆六十年（1795），那會兒弘曆已經85歲高齡。那年的元旦家宴，本來應該依照慣例在正月初一舉行，不想卻遇上日食，後延一日，大年初二再擺宴席。日食在古代是個異兆，被弘曆認為是上天的兆示，因此才觸動了他的想法。北京故宮出版社的《清史事典》中，「乾隆事典」那一節提到，就在那個大年初二的膳席間，乾隆拿出元寶，賞賜自己的滿堂子孫，獨獨不給顒琰一人。眾人疑惑之際，老頭子反問了一句：「你何必用銀？」其句意味深長，從此他的繼承人選才大白於天下。而就在那一年九月，弘曆登基60週年紀念日，他招來皇子皇孫和一眾大臣，當眾從乾清宮匾額後面取出密旨，昭告天下，正式退位，傳位顒琰，也就是後來的嘉慶皇帝。如此看來，家宴雖然不是正式的政治場合，但除卻那些奢華菜品，也能從人的座次、走位、對話中，讀出一點克里姆林宮學的高層政治變動。

故宮食譜

能從這裡瞭解清宮飲食的真實情況。插畫＝SASH、咕嘟｜譯者＝肉子

宮廷食譜，雖然當時的宮廷飲食已經日薄西山，但是至少我們

料到製法，我們整理了嵯峨浩《食在宮廷》一書裡的部分晚清

在這裡，宮廷菜不再是《膳底檔》裡的抽象菜名，從來歷、用

我是在東京神保町書店街裡無意中發現這本愛新覺羅．浩的《食在宮廷》的。

愛新覺羅．浩就是嵯峨浩，她的丈夫是末代皇帝溥儀的弟弟溥傑。

他們的婚姻曾被認為是一場陰謀——至少溥儀是這樣認為的。日本人在溥傑和唐石霞離婚之後，撮合他與日本貴族小姐聯姻，這對於當時的溥儀來說，當然是極大的威脅，溥儀無法生育，而一旦溥傑生下了中日混血的孩子，日本人一定會竭力把這個孩子扶上皇位。

所以，在很長時間裡，溥儀對於嵯峨浩滿懷敵意，懷疑她是日本派來的間諜。為此，溥儀給自己制定了特別的保護措施：

不在溥傑面前說出任何心裡話，溥傑的妻子給我送來的食物我一口也不吃。假若溥傑和我一起吃飯的食桌上擺著他妻子做的菜，我必定等他先下箸之後才略動一點，也只是略動一點，絕不多動一口。（《我的前半生》）

溥傑只好一再在信中為妻子說話：「浩對於家中諸事，事無巨細，皆親自操作。甚至蓬首敝衣，收拾一切。傑不在家時，自以簡單食物果腹。傑歸時，將撙節之餘，豐饌為餉。誠傑有生以來初嘗到此種家庭之幸福也。」嵯峨浩確實決心做一個好妻子，她仔細觀察偽滿宮廷裡的廚房飲食，向皇后的母親學習宮廷飲食習俗，向當時的御廚常榮氏學習各種菜點的製作：攤黃菜是炒製的；糖蓮子、白扁豆、百合是蒸熟的；薩其瑪、豌豆黃、三色糕等從民間傳入御膳房的糕點，在原料選擇和製作方法上有了改進……她把自己所見所聞所學，一一作了筆記。正是在此基礎上，嵯峨浩才寫出了這本清代中國宮廷飲食專著。

《食在宮廷》的菜譜寫法，和一般菜譜有所區別，除了用料和製法，嵯峨浩還寫明了每一道菜餚的來歷和操作要點，如「拌菠菜」，開篇寫道：「此菜本是民間菜，在北方多於夏季食用。榮壽內親王的兒媳曾若夫人時常將此菜獻給宣統帝。後來此菜製法傳入宮廷御膳房……此菜雖然沒有什麼特殊的材料，味道卻非常好。製作時要注意，一定要將菠菜焯透，並保持菠菜碧綠的顏色。」

嵯峨浩雖然是日本人，但她的食譜，也許最為接近清末宮廷菜餚的原本。所以，我們選取了《食在宮廷》裡的部分菜餚呈現給諸位，大家有空，不妨試試看。

松鼠黃魚

這道菜是採用中國北方魚菜餚的傳統做法烹製的。在中國黃海，每年五、六月，是黃魚最為鮮美的時節。作為當季限定的菜色，松鼠黃魚無疑是十分名貴的。其製作方法也由民間傳入宮廷之中。

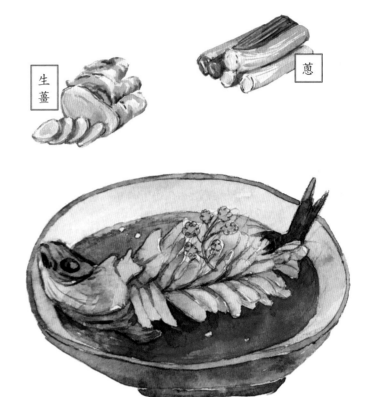

生薑

蔥

食材

大黃魚 1 尾，**蔥、生薑**少許，
油 900 克，**醬油**一大勺，**醋**一大勺，
太白粉一碗，**白糖**一大勺，**水**一杯。

製作步驟

1. 將魚鱗去掉，掏空內臟，清洗乾淨後用刀從魚喉劃至腹尾。將魚身剞上約 1.5 公分寬、6 公釐深的菱形刀紋，然後隆起切好的魚身，呈松鼠形。
2. 在鐵鍋中倒入 900 克的油，大火熱鍋，倒過來將魚頭朝下，放入油鍋中烹炸。如果油過熱，將火調小，拎起魚肉反覆翻炸，直到將魚炸定形。
3. 在另一鐵鍋中倒入油少許，燒熱後投入蔥末、生薑末，稍作翻炒，之後再加入醬油、醋和水。
4. 將太白粉與水攪拌在小碗內，倒入少油的鐵鍋中勾芡，做成香濃的澆汁。
5. 魚炸好後，盛入盤中，澆上滷汁，聽到嗞啦一聲即可。

炸的時候，一定要把魚身炸挺，趁熱吃最好。

瓦塊魚

這道菜是河南的地方菜餚。康熙皇帝在視察黃河相關工程的時候，對這道菜頗為喜愛，瓦塊魚便由此得以傳入宮中。

蔥花

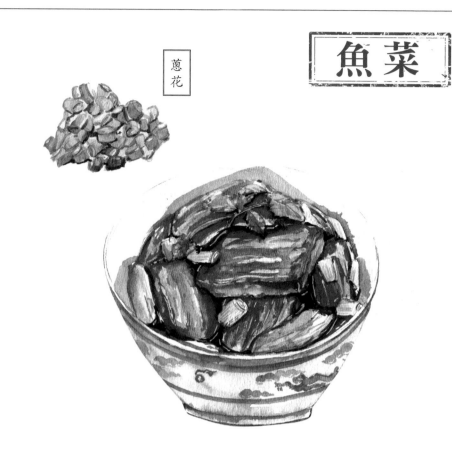

食材

鯉魚（黃河鯉魚最佳，嵯峨浩食譜中原記載為鯽魚，可能記憶有誤）重約 9 兩
蔥花少許，**生薑**少許，**白砂糖** 1 大勺，
酒小半勺，**油** 450 克，**太白粉** 1 碗，**醋** 1 大勺，**醬油** 1 大勺。

製作步驟

1. 將蔥段和生薑切成末備用。
2. 將魚去鱗後洗淨，在魚身的一面塗上太白粉。
3. 在大鍋中倒入油 450 克，大火熱鍋後改為小火，隨即將魚下鍋，再把火改大。油過熱時再把火改小，將魚炸至淺金色起鍋備好。
4. 炸魚的同時在另一口鍋中倒入油少許，鍋熱後將蔥花和薑末一同倒入翻炒，之後依次加入醬油、醋、白糖、酒和適量水，開鍋後先嘗一下味道，如果太過清淡的話可以加入少許食鹽，用太白粉水勾芡，汁收到差不多後便可起鍋，澆在魚上。

炸魚和炒汁必須同時進行。把汁澆在魚上時，能聽到嗤啦一聲最好。
若是魚涼了，即使澆上熱汁也不好吃了。

紅燒肚當

這道菜是江南的地方菜餚，於乾隆年間傳入宮廷。現在，這道菜至今還保留在揚州菜中。由於該菜餚的用料太過講究，容易造成浪費，現今無特殊情況基本不做了。

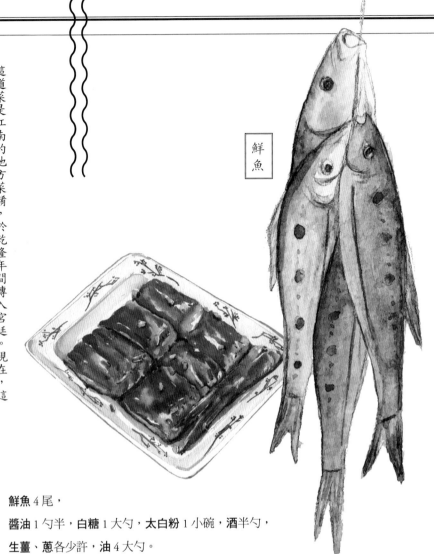

鮮魚

食材

鮮魚 4 尾，

醬油 1 勺半，**白糖** 1 大勺，**太白粉** 1 小碗，**酒**半勺，

生薑、蔥各少許，**油** 4 大勺。

製作步驟

1. 將魚洗淨後刮鱗去掉內臟，把魚腹（薄而無骨的部分）切成寬 3 公分、長 2 公分的片，四條魚一共能切出 30 片左右，魚背直接丟棄。

2. 把切好的魚片放入碗內，加入醬油，用手抓拌後，醃上約 20 分鐘。此間，將蔥、生薑切成末。

3. 鐵鍋內倒好油，大火燒熱後下入魚片，煎約 1 分鐘取出。

4. 另架一鍋，開小火，倒入少許油，鍋熱後投入蔥、薑，再倒入準備好的醬油、白糖和適量的水，燒開後下魚片，用小火煨 3 分鐘左右，轉大火，淋入太白粉水勾芡，起鍋裝盤即可。

這個菜最好趁熱吃，一涼就變味了。因為做這個菜需要四條魚，魚背又直接丟棄，所以比較費料。

抓炒魚

據記載，這道菜起源於北京。北京離江河較遠，魚不太多。想要吃魚的話需要從天津取材，因此在做法上，採用做肉菜的方法來做魚。此菜何時傳入宮中，並不清楚。

魚菜

雞蛋

蔥花

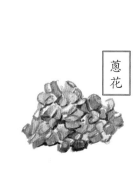

食材

鮮魚 1 尾，

雞蛋 2 個，油 450 克，醬油 1 大勺，

蔥、生薑各少許，胡椒粉 1 小勺，太白粉 1 大碗，水 1 杯半。

製作步驟

1. 魚刮鱗，去掉內臟，用水洗淨後片成寬 3 公分、長 5 公分、厚 6 公釐的片，差不多需要 4、50 片。
2. 將魚片放入碗內，撒入些許胡椒粉，用手充分揉捏、抓勻。
3. 將雞蛋磕入碗內，加入太白粉和適量水，用筷子打散。將蔥切成 1.5 公分長的蔥段，生薑切成薄片。
4. 將油倒入大鐵鍋內，大火熱鍋，將剛才的魚片裹上蛋糊，用筷子一片片夾著下入油中。待炸成金黃色後即可撈出。
5. 另架一口鍋，倒油少許，燒熱後投入蔥、薑，熗鍋後加入醬油和少許水，燒開後下入炸好的魚片，改用小火，就著醬汁翻炒，待汁收盡後即可起鍋。

一般抓炒魚會搭配多種蔬菜，但這樣味道就不純正了。再加上麵糊內實際並未入味，所以並不推薦。還有，這個菜最好趁熱吃。

蔥段

乾燒鯽魚

這個菜是揚州名菜，由乾隆年間蘇州名廚張東官傳入宮中。現在南方的一些餐館中，還保留著這道菜，不過在用料上稍有變化。而在宮廷，傳統的做法被原汁原味地保留了下來。

食材

鯽魚 1 尾（重約 9 兩），
蔥 5 棵，生薑少許，醬油 3 大勺，酒 1 小勺，油 6 大勺，
白糖 2 小勺，醋 1 小勺。

製作步驟

1. 魚去鱗，掏去內臟，洗淨後在魚身上斜著劃一刀，約 1.5 公釐深。
2. 把魚放在盤子裡，加入醬油、白糖和酒，用手揉搓，將魚肉醃漬 20 分鐘。
3. 蔥剝皮去根，洗淨後切成 9 公分長的蔥段，生薑洗淨後切成末。
4. 倒油入鍋，大火熱鍋，將醃好的魚下入，小火煎魚，待到兩面金黃即可起鍋，就著剩下的油，放入蔥段煸炒。
5. 另架一鍋，倒入油少許，燒熱後放入薑末、醬油、白糖、酒和醋，鍋熱後把煎好的魚下入，將煸好的蔥段擺放在魚兩側，汁收盡即可起鍋。

這個菜冷吃熱吃均可，現仍為江南家常飯菜。

燴兩雞絲

竹筍

食材

燻雞半隻，鮮雞肉 4 兩，
蔥 1 棵，竹筍 1 根，
胡麻油 3 大勺，鹽適量，味精少許，高湯 2 杯。

製作步驟

1. 首先，將燻雞去骨，縱向撕成肉絲。
2. 將鮮雞肉切成約 6 公釐長的絲。蔥和竹筍分別切成長 3 公分的絲，控乾水分，加入胡麻油，和剛才備好的雞肉絲一同煸炒。炒的同時放入適量高湯，用鹽和味精調味，即成。

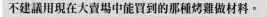

不建議用現在大賣場中能買到的那種烤雞做材料。

燴雞蓉

紫蘇葉

食材

雞胸肉 5 塊，雞蛋白 1 個，
太白粉少許，生薑、蔥 1 小碗，酒 2 大勺，
鹽、白糖各適量，紫蘇葉 2～3 片，水 1 杯，油少許。

製作步驟

1. 剝去雞胸肉的外膜，用刀背輕輕地將脯肉剁成泥，加蛋白和少許太白粉攪勻。
2. 蔥、薑分別切成末，與酒、鹽、白糖和少許水放在一起攪勻。
3. 紫蘇葉洗淨後切成絲，去除水分。
4. 把油倒進鍋內，鍋熱後下雞蓉，翻炒後倒入兌好的芡汁，此時需要再適當加一些水，起鍋後撒上紫蘇葉絲，即可上桌。

肥雞火燻白菜

這道菜為蘇州名菜，由江南名廚張東官傳入宮中。張東官本是蘇州人，曾在江寧陳家當廚。後來隨乾隆帝來到北京，在宮中掌廚多年。乾隆帝晚年喜歡重油的菜品，張東官獻上此菜時，乾隆帝龍心大悅，從此這道肥雞火熏白菜便成為清宮的傳統名菜。

白菜

食材

肥雞 1 隻，大白菜 1 棵，

豬油 200 克，酒 3 大勺，醬油 3 大勺，

蔥少許，生薑 1 小碟，花椒少許，八角 3 枚，白糖 1 小勺，油 2 小勺，水半杯。

製作步驟

1. 雞拔毛，去除內臟後洗淨，用繩子捆好放進鍋內，加入淹過雞肉一半的水、醬油、少許酒、白糖、花椒和八角，中火燉 20 分鐘。燉好後把雞放置高腰的盤子中。

2. 在另一鍋內（鍋深約 30 公分、直徑 25 公分），放入白糖、酒，燒開鍋冒濃煙後放入高腰盤子（內裝有燉好的雞），把鍋蓋嚴，勿使煙氣外漏，燻上 1 小時。

3. 雞燻好後，去骨，將肉切成細絲，分成小份，每份須有 15 克雞絲。

4. 將白菜切成寬 1.5 公分、長 6.5 公分的條狀。

5. 在鍋內倒入豬油，油熱後放入白菜條，翻炒至微黃時取出。炒的時候，務必使吃到白菜裡的油滲出，這樣口感才不會太膩。做這道肥雞火燻白菜基本上需要消耗 300 克白菜。

6. 切 10 克左右的蔥絲。生薑切成末，約 5 克，放在小碟中備用。

7. 鍋內倒油，投入蔥絲、薑末，再加少許醬油、酒、白糖和水，燒開後放入白菜和雞絲，用中火煨至湯盡即成。

雞菜

此菜冷吃熱吃皆可。

<table>
<tr><td>食材</td><td>肥雞 1 隻，豆芽菜 100 克，
蔥 1 棵，生薑 1 塊，醬油 3 小勺，
白糖 1 小勺，酒 1 小杯，油 10 克，食鹽適量。</td></tr>
</table>

<table>
<tr><td>製作步驟</td><td>

1. 將雞拔毛，除去內臟，洗淨後放入鍋內，加水，淹過雞身一半，倒入醬油、酒，放蔥（1 棵）、生薑（1 塊），用中火燉 40 分鐘後起鍋。
2. 豆芽菜去掉頭尾，切成長 4 公分的絲，蔥切末，薑切成薄片。
3. 將燉好的雞撕成雞絲。
4. 鍋內倒入油，燒熱後投入蔥、薑，煸出香味時放入醬油，燒開後先加入豆芽菜，翻炒約 1 分鐘，再下雞絲，加入適量水和食鹽、白糖，收汁，即可起鍋裝盤。
5. 菜出鍋時，汁必須吃到雞絲和豆芽絲中，否則，帶著湯兒裝盤，味道就不好了。

</td></tr>
</table>

這道菜趁熱吃最佳，放涼後加熱再吃也可以。

肥雞

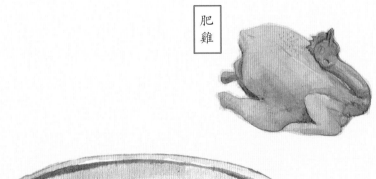

豆芽鍋燒雞

一七八四年三月，清乾隆帝下江南巡視，住在海寧安瀾園陳家時，陳元龍向乾隆帝進獻了這道菜。乾隆帝非常喜歡，由此便傳入宮中。現在，北京的一些仿膳餐廳還在做這道菜。

雞凍

這是一道山東菜餚，在夏季最適合做成下酒菜。當代中國南北各地的很多餐廳還供應著這道菜。在明清兩代的宮廷中，也均有這道菜。

雞菜

食材

肥母雞 1 隻，**豬皮** 200 克，
蔥 1 棵，**生薑** 2 塊，
鹽 1 大勺，**甘草** 2 片，**太白粉** 1 小碗。

製作步驟

1. 將雞褪毛，掏去內臟洗淨後剁去頭、爪，雞身剁成寬 3 公分塊，下入一口大鍋中，加入蔥（4 段）、生薑末、甘草（1 片）和半鍋水，用小火燉 1 小時左右，等到雞湯變濃時即可。

2. 另取一鍋，將豬皮洗淨去毛後放入，加薑末、甘草（1 片）和 2、3 杯水，用大火煮約 2 小時（放入甘草是為了除去豬皮的腥味）。撈出鍋內所有東西，只留下湯備用。

3. 取一小碗，放入太白粉，加水攪勻。

4. 將豬皮湯倒入雞肉鍋內，加入鹽，煮約 10 分鐘，倒入太白粉水，攪勻，待汁濃時倒入碗中，放進冰箱冷凍 1 小時左右。把雞湯也冰鎮起來。

5. 食用時，用筷子將雞凍撥入盤內。

這道菜顯然需要涼著吃，用上述材料和方法做成的雞凍，可供二十人食用。此菜最好一次性多做一些，用料過少的話，不容易成功。

雞肉 300 克，**核桃** 6 個，

蔥、**生薑**各少許，**醬油** 1 大勺，**酒** 1 小杯，

白糖 1 小勺，**太白粉** 1 小杯，**油** 3 大勺。

製作步驟

1. 將雞肉切成寬 1.5 公分的方丁。
2. 核桃去掉外殼，分成兩半，用開水燙 20 分鐘，再脫去核桃仁皮，每個核桃切成 4 塊，注意別切得太碎。
3. 把雞丁放入碗裡，加太白粉加水抓勻。將蔥、生薑分別切成末。
4. 倒油入鍋，大火燒熱，放入核桃仁，乾炸大約 30 秒，起鍋備用。接著下入雞丁，翻炒 1 分鐘，邊炒邊放入蔥、薑末。最後加入醬油、酒和白糖。稍炒後放入剛才的核桃仁，再炒數下即可起鍋。

此菜一定要趁熱食用。製作的時候要拿捏好火候。最高境界是將核桃仁炸到既酥又無苦味。

核桃雞丁

這道菜源自蘇州，由張東官傳入清宮。

核桃

扒羊肉

花椒

羊肉是純正的滿族肉食。清朝統治中國以後，宮廷上下以及滿族人會專門食用羊肉。乾隆帝非常喜歡這道菜。

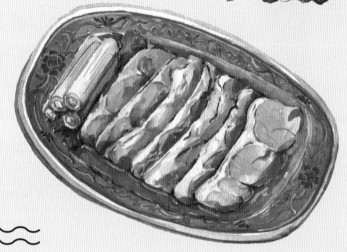

肉菜

食材

羊肉（里脊肉和肥肉各一半）約 4 斤，
酒 1 小杯，醬油 2 大勺，蔥、生薑各少許，
胡麻油 1 小勺，花椒 10 粒，白糖 1 小勺。

製作步驟

1. 將整塊羊肉洗淨後放入鍋中。加入淹過肉分量的水、蔥段、薑片和花椒，小火慢燉。燒開後撇去浮沫，燉至湯盡後加入酒和醬油，再等到汁收盡，肉熟即可。注意不要把肉燉得太老。
2. 取出燉好的肉，切成 1 公分厚的條，一片挨一片地舖在大碗裡。為了美觀，要舖整齊。
3. 將醬油、蔥花、薑末、花椒、白糖、酒和適量雞湯兌在一個碗內，攪勻後淋在肉條上，用大火蒸至酥爛。
4. 蒸好後，不要弄散肉條，並將其轉移到大盤中，滴上幾滴胡麻油，即可上桌。

這道菜絕對要趁熱食用。在宮廷中，為了保溫，有專門盛放此菜的器皿，上面是放肉條的大盤，下面有盛開水的湯碗保溫。民間的扒羊肉，肉下會舖放一些白菜、山芋之類的時蔬，宮廷內的則不加任何蔬菜。

帶皮肘子約 1 公斤，

胡麻油 230 克，酒 1 小杯，蔥 1 棵，陳皮 2 片，生薑 100 克，

冰糖 20 克，香菇 20 克，甘草少許。蘿蔔（直徑約 **5** 公分、切成厚 **3** 公分的片）2 片。

製作步驟

1. 先將豬肘洗淨，除毛。

2. 鍋內倒入胡麻油。用大火燒熱，舉著鍋，與灶台保持一點距離，放入肘子，炸至色黃。

3. 在另一鍋內倒入清水，放入甘草去腥，但不要放太多，否則味道會變苦。接著加入蘿蔔、陳皮、生薑和肘子，用中火燉 1 小時起鍋。

4. 把燉過的肘子放入砂鍋內，加醬油、冰糖、香菇、酒、蔥、生薑和適量水，用中火煨 1 小時，湯收盡時即可起鍋。

此菜十分名貴。之所以這麼說，是因為豬肉是最油膩的東西，而蘇灶肘子，卻回味無窮、肥而不膩。究其原理：用熱油炸肘子，可以保持肘子的滋味；過油用胡麻油，是為了使成品菜具有天然的風味；甘草、陳皮和蘿蔔一起下鍋，可以去肘子的異味；最後加醬油、酒和冰糖將肘子煨至湯盡，這樣做出的肘子越嚼越香。

蘇造肘子

此菜由蘇州名廚張東官傳入清宮。宮廷的膳單上所謂的「蘇灶」（也稱「蘇造」），其實就是指出自張東官所主理的廚房。蘇指的就是蘇州，灶指廚房。張東官以前做的地方菜，味道比較淡，還偏油膩，進入清宮以後，他深知這一點，於是根據皇帝的飲食喜好進行改良。此後他做的菜，頗合皇帝的口味。味道多樣又少油，「蘇灶」便譽滿宮廷內外。直到現在，北京民間的「蘇灶肉」和「蘇灶魚」等，都是當年張東官傳下來的。

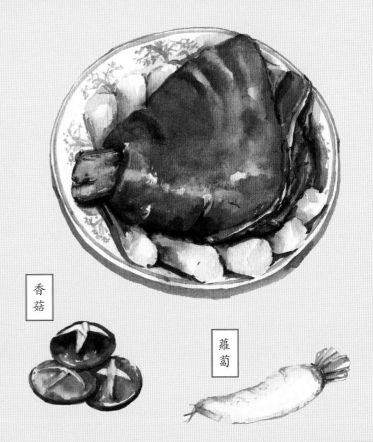

香菇

蘿蔔

腰丁腐皮

豬腰子

這道菜是由山東傳入宮內的，明朝末年這個菜名就存在了。現在，北京的著名餐館「致美齋」做此菜最出名。其傳入宮廷的具體時間已不可考，但慈禧太后是經常吃這道菜的。

食材

較大的**豬腰子** 3 個，**豆腐皮** 30 克，
太白粉 1 小碗，**酒** 1 小杯，**雞湯** 1 大杯，**醬油** 4 小勺，**鹽**少許，
蔥、**生薑**各少許。

製作步驟

1. 將腰子切成指腹大小的丁（約 150 克），取一鍋加酒和醬油，將腰丁煮透。
2. 豆腐皮用蒸氣烘軟，切成長 6 公分、寬 1.5 公分的片。將蔥切成絲，生薑切末。
3. 把適量雞湯倒入鍋內，燒開時放入腐皮片，煮約 5 分鐘。接著下豬腰丁、醬油、酒和薑末，燒開後放入蔥絲，倒入太白粉水，汁熟時即可起鍋。

此菜不能冷食，也不能加熱，必須趁熱食用。製作時，不要放油。

白肉

這道菜是純正的滿族菜餚。滿族習俗裡每年要祭祖兩次，每次祭祀儀式都要殺一頭豬，該習俗在宮中也不例外。祭祖當日，皇帝必須親自吃一口用來供奉祖先的豬肉。白肉這道菜，就是從這一習俗中演化而來，後來又逐漸傳到北方各地，喜歡吃白肉的人也越來越多。現在，北京西四牌樓南大街有家名叫「砂鍋居」的餐館，把「白肉」當作北京名菜經營著。

大蒜

食材

五花肉 400 克，

蔥、生薑、大蒜各少許，

醬油 3 大勺。

製作步驟

1. 倒半鍋水，放入生薑片、蔥段，將豬五花整塊下入，水煮約 20 分鐘後起鍋。

2. 起鍋後，將豬肉切成厚 1.5 公釐、寬 3 公分、長 6 公分的薄片，逐片鋪在大碗內，上蒸籠蒸約 2 小時。

3. 蔥、薑、大蒜分別切成末，放入小碗中，加入醬油，調製成汁。吃的時候，用切好的肉片蘸汁。

這道菜雖然偏原味，但滋味鮮美，別有味道。

食材

帶皮五花肉 550 克，

蔥 2 棵，生薑 1 塊，醬油 1 小勺，白糖 1 小碟，

醋 1 小勺，油 350 克，五香粉少許。

製作步驟

1. 將豬肉切成寬 1.5 公分的方丁，肉丁的大小要一樣。
2. 蔥、薑分別切成末。
3. 鍋內倒入肉量三倍的水，放入肉丁，加入蔥、薑末和五香粉，用小火煮約 30 分鐘後起鍋。
4. 炒鍋內倒入油，用大火燒熱後舉鍋，與灶火保持距離，下入煮過的肉丁，炸後撈出。
5. 在另一口鍋內倒入油少許，大火燒熱後投入蔥、薑末，加入醬油、醋和白糖，放入煮過的肉丁，翻炒後即可起鍋。

這道菜必須旺火快炒才能出味。肉丁過油時，炸出油後要迅速將肉撈出，這樣吃來才肥而不膩。最後的步驟裡，底油燒熱後，必須立即放入蔥、薑、醋和白糖。肉丁過油和最後的步驟，要連續進行，中間不能暫停。

糖醋櫻桃肉

這道菜是揚州名廚陳東官的拿手好菜。乾隆四十五年（一七八○年），乾隆帝南巡時，曾下榻在揚州安瀾園陳元龍家。陳府當時的家廚陳東官製作了這道菜獻給皇上，乾隆帝龍心大悅，當即賞給陳東官二兩銀子，後來陳元龍將家廚陳東官獻給乾隆帝做御廚。陳入宮後，曾經在熱河行宮主理御膳，這些史料在內務府御膳房的檔案裡都可以查到。

栗子白菜

栗子

食材　較小的白菜 1 棵，栗子 10 個，香菇 5 朵，豬油 80 克，生薑 30 克，醬油一小碗，白糖少許，蝦米 5 克，高湯 4 杯。

製作步驟

1. 將整棵白菜切成四份，鍋內倒入豬油，燒熱後分四次將白菜逐一下鍋，煎至外焦裡嫩時起鍋。

2. 另架一鍋，放入豬油，下入栗子（大顆的切成四塊，小顆的直接用）、蝦米和生薑，炒約 3 分鐘後加入醬油、高湯和白糖，湯開時放入香菇（先拿水泡開）和白菜，小火收汁後起鍋裝盤。

時蔬

冬瓜盅

香菇

食材　冬瓜 1 個，蔥少許，**竹筍（較小隻的）**3 根，胡麻油少許，香菇 5 朵，鹽適量，酒 1 小杯，**生薑**少許，雞湯 1 杯。

製作步驟

1. 將冬瓜洗淨，用小刀在瓜皮上雕出「四海一家」四個字（文字可隨意變化）。

2. 在冬瓜上部四分之一處下刀，切下的部分可以做盅蓋，掏出盅身內的子、瓤，洗淨後用開水燙一下。

3. 將竹筍、香菇（提前用水泡開）切成丁，蔥、薑切成末，放入盅身內，倒入雞湯、胡麻油、酒和鹽，攪勻後蓋上蓋子，上蒸籠 1 小時即成。

蒸的時候要注意火候，如果蒸過火，會使冬瓜盅變形。起鍋後記得撤去蔥、薑。

炒胡蘿蔔醬

食材

胡蘿蔔（長 20 公分、直徑 5 公分）2 根，**大豆**半杯，**豬肉** 80 克，**醬油**小半碗，**生薑** 40 克，**蔥** 1 棵，**豆腐** 1 塊，**味精**少許，**胡麻油** 150 克，**高湯** 2 杯。

製作步驟

1. 胡蘿蔔去皮，切成 1 公分寬的方丁。
2. 大豆用水泡 1 小時。剝去膜，縱著切成兩半，用開水焯一下。
3. 豬肉切成寬 1 公分的丁。生薑和蔥各切成末。豆腐切成 1.5 公分寬的小方塊。
4. 鐵鍋內倒入一半胡麻油，燒熱後放入豆腐塊，炸至金黃色撈出。

5. 另起一口鍋，燒熱後倒入另一半胡麻油，加入豬肉丁、薑末和蔥花，翻炒 5 分鐘，然後倒入醬油、高湯和胡蘿蔔丁，燒開後加入焯過的大豆和炸好的豆腐塊，收汁後加入味精，起鍋裝盤。

冷拌茄子

這道菜雖是北京的家常菜，但在宮廷中也經常製作。民間做這道菜時在材料的準備上可隨意變動，而宮廷卻有固定的配比。此菜又名「拌茄泥」。

食材

茄子 7～8 個，蝦米 100 克，蔥、生薑、大蒜各少許，芝麻醬 3 大勺，花椒油 1 小勺，醋 1 小勺，醬油小半碗，白糖 1 小勺，油 25 克。

製作步驟

1. 將茄子帶皮洗淨，用小火烘烤。烤透後放涼，用手揭去皮（不要用刀削），將處理過的茄肉放入大碗內，用筷子攪成泥，放在盤中備用。
2. 蝦米用開水泡發約 20 分鐘，脹開後瀝去水。鍋內倒油燒熱，放入蝦米炸透，用刀剁碎，放在茄泥旁邊，再將芝麻醬倒在蝦米旁邊。
3. 準備一個小碗，將蔥、生薑和大蒜切成細末，放入碗內，加入醬油、醋、白糖和花椒油，拌勻。
4. 將盛著茄泥、蝦米、芝麻醬的大盤和裝著調味汁的小碗一同上桌。吃的時候，將調味汁澆在茄泥上，拌勻後即可食用。

這道菜最適合冷吃，烹飪的時候一定要把茄子烤透。

食材

白菜 400 克，紅辣椒 2 個，
醬油 1 大勺，醋 1 大勺，
油 1 小勺，白糖 1 小勺。

製作步驟

1. 去掉白菜梗和枯了的葉子，洗淨後劈成兩半，再切成長 3 公分、寬 2.5 公分的菱形塊，擰乾水分。
2. 將紅辣椒洗淨，切成寬 0.5 公分、長 6.5 公分的絲。
3. 大火熱鍋，倒入胡麻油，燒熱後放入白菜。炒製約 1 分鐘，然後加入醬油、醋、白糖，炒約 2 分鐘，加入紅辣椒絲，再翻炒 1 分鐘左右，即可起鍋。

這道菜要在放涼後食用。因是用時蔬做的冷菜，所以要把白菜清洗乾淨。炒之前，還要將水擰乾，以免白菜出湯過多，影響口味，但是也要注意不要炒過火，保持白菜清脆的口感。

時蔬

糖醋辣白菜

滿族人把這道菜也稱作「年菜」。每到新年期間，滿族人要做許多涼菜，這道菜便是其中之一。在宮廷中，會一次性做好很多「年菜」，樣樣都非常可口。下列原料可做五人分量的糖醋辣白菜。

紅辣椒

豆豉炒豆腐

這道菜的發明是從佛教的齋飯中獲得靈感的。雖然傳入宮廷的時間已不可考，但可以肯定的是，每到新年期間宮裡就會做這道菜。屆時，皇帝也把此菜賞賜給大臣。例如清朝最後的內務府大臣耆齡所著的《賜硯齋日記》中，就有這樣的記載：一九二〇年二月十日，「中午，皇帝賞豆豉炒豆腐一品、素燒蘿蔔一品」。這也許是因為耆齡篤信佛教的緣故吧！

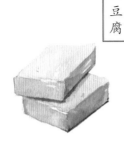
豆腐

齋菜

食材

豆腐 4 塊，豆豉小半碟，
白糖 1 小勺，生薑少許，
胡麻油 300 克，醬油 1 小勺，鹽適量。

製作步驟

1. 將豆腐切成長 3 公分、寬 1 公分、厚 6 公釐的塊。
2. 胡麻油倒入鍋中，大火燒熱後改用中火，將豆腐塊依次下鍋，炸至金黃色時撈出。
3. 生薑切小丁，準備 4 ～ 5 塊。
4. 炒鍋內倒入胡麻油，鍋熱後放入豆豉，稍作翻炒後加入生薑丁，加入醬油，燒開時加入小半杯水和白糖。如果不夠鹹可加適量鹽，然後下入炸好的豆腐塊，煨約 10 分鐘即可起鍋。

此菜冷熱食均可，中國的普通家庭在齋戒吃素時一般會做這個菜。

紅燒麵筋

這道菜是由寺院的僧人發明的。滿族家庭每逢春節就會做這道菜。在宮廷中，也多在正月食用。

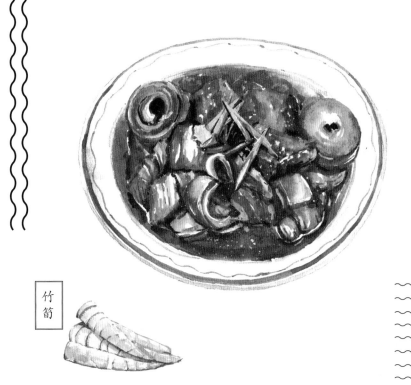

竹筍

食材

棒狀的麵筋 300 克，**竹筍** 100 克，
醬油 1 大勺，**生薑** 10 克，**白糖** 1 小勺，
香油 35 克，**精麵粉** 200 克，**水**小半杯。

製作步驟

1. 麵筋是用精麵粉做成的。做法是把有韌勁的精麵粉加水和成麵包那樣的麵團，醒 10 分鐘。然後在水裡揉搓，直到出現麵筋為止。再將麵筋用手打成長棒狀，入籠蒸 10 分鐘。出籠後切成寬 1 公分、長 3 公分的條狀。
2. 將竹筍片成寬 1 公分、厚 3 公釐、長 3 公分的薄片。把生薑切成末。
3. 大鍋內倒入香油，燒熱後投入薑末，放入麵筋，炒 3 秒鐘左右。
4. 倒入醬油、白糖和水，稍炒後放入竹筍片，用小火煨 20 分鐘。待汁全滲入麵筋和竹筍片中後，即可起鍋。

此菜冷吃熱吃皆可。

羅漢齋

此菜也是在寺院裡流行起來的。本來中國的僧人吃得都很質樸，但是由於中國的大寺院廟產豐厚，因而僧人的日常飲食生活也逐漸考究起來。例如北京的廣濟寺就以齋食聞名全國。在滿族的習俗中，從新年的第一天至第五天都要吃素。這些素食，大多是模仿寺院的齋食精製而成，羅漢齋就是其中一道。

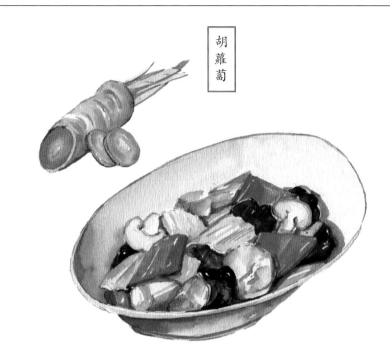

胡蘿蔔

食材　白菜 800 克，**胡蘿蔔**約 40 克，**山藥** 40 克，**豆腐** 40 克，**口蘑** 40 克，**木耳** 20 克，**豆腐皮** 10 克，**生薑**少許，**胡麻油** 450 克，**金針花** 20 克，**鹽**適量，**醬油** 1 小勺。

製作步驟

1. 將白菜切成 3 公分寬的方塊。胡蘿蔔和山藥削去皮，分別切成長 3 公分、寬 1.2 公分的滾刀塊。將豆腐切成長 3 公分、寬 1.5 公分、厚 6 公釐的薄片。

2. 用開水將口蘑浸泡 20 分鐘，切成長 3 公分，寬 1.2 公分、厚 6 公釐的薄片。

3. 用開水把豆腐皮浸泡 20 分鐘，劃成長 3 公分、寬 1.2 公分的薄片。

4. 木耳用開水浸泡 10 分鐘後，清洗乾淨。

5. 金針花用開水浸泡 30 分鐘後，每根切成兩段。

6. 將生薑切成末。

7. 鍋內倒入胡麻油，燒熱後將山藥，胡蘿蔔和豆腐分別炸約 3 分鐘撈出。

8. 在另一口鍋內倒入醬油，燒開後加入薑末和白菜，炒製一會後加入水，燒開後倒入全部原料，加入適量鹽，改小火，煨 40 分鐘左右。待白菜軟爛又不碎時即可起鍋。

此菜趁熱食用最佳，涼後加熱再吃也可以，但是風味稍差。

山藥泥

這是道蘇州風味的甜口菜餚。清乾隆帝巡視江南期間，當地鹽商進獻了這道菜，喜好甜食的乾隆帝品嘗後大加讚賞，此菜便傳入清宮。現在，此菜仍在蘇州當地可見。

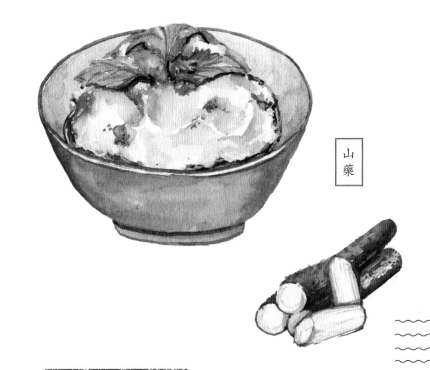

山藥

齋菜

食材

山藥 400 克，
白糖 2 小勺，
豬油 35 克，水 3 杯。

製作步驟

1. 將山藥去皮，切塊，放入鍋內加水，小火煮 30 分鐘。煮爛後盛出放涼後用手抓成泥，加入白糖，用筷子攪勻。
2. 將鍋洗淨，放入豬油，燒熱後離火，待油微熱時下入山藥泥，重新將鍋上火，用小火邊攪邊炒，炒透起鍋。

山藥泥裝盤後顏色雪白，外貌頗為美觀。但是食用時不要操之過急，要慢慢品味。

拌菠菜

這道菜是北方夏季經常會食用的家常菜，榮壽內親王的兒媳曾若夫人時常將此菜獻給宣統帝。後來，這道菜的做法就傳入了御膳房。這個菜譜就是從曾若夫人那裡學來的。

菠菜

食材

菠菜 450 克，蔥、生薑各 10 克，芝麻醬一大勺，
花椒 10 粒，胡麻油 25 克，蝦米 100 克，
醋 1 小勺，白糖 1 小勺，辣椒 1 個。

製作步驟

1. 將菠菜洗淨、去根。大鍋內倒入半鍋水燒開，放入菠菜。注意不要蓋鍋蓋，一放鍋蓋，菠菜就會變黃，要保持菠菜碧綠的色澤。

2. 把蝦米用開水泡 10 分鐘，瀝乾水分。

3. 鍋內倒入胡麻油，放入蝦米，炒香後起鍋，用刀把蝦米剁成末，盛在大盤裡。

4. 將辣椒、蔥和生薑分別切成細末。

5. 將焯過的菠菜用刀剁成泥，放在淨布上包起來，用手擰淨水，然後放在盛蝦米的大盤裡，一邊放菠菜，一邊放蝦米末。

6. 小碗內放入醬油、醋、芝麻醬、辣椒末、白糖、胡麻油、蔥花和薑末，用筷子攪拌均勻，跟菠菜蝦米盤一同上桌，吃的時候，將小碗內的調味汁澆在菠菜上，拌勻。

> 這道菜雖然沒有什麼特殊的材料，但是味道卻非常好。烹飪的時候一定要將菠菜焯透，並保留菠菜碧綠的顏色，這樣裝盤後的菜泥才會美觀。這道菜宜冷食。

菊花燴雞絲

這道菜是一道宮中的時令菜。每到九月，菊花盛開時，能吃到這道菜，絕對是一種應時當令的享受。這道菜與「黃花燒肉絲」不同，菊花燴雞絲，是將各種原料摻在一起燴製而成的時令菜。這種做法，在民間是很少見的。

菊花

食材

雞肉 400 克，菊花 100 克，
太白粉小半碗，蔥、生薑各少許，
白糖 1 小勺，油 35 克，精鹽適量，水 1 杯。

製作步驟

1. 將雞肉去皮，切成寬 3 公釐、長 3 公分的細絲，放入碗裡，加太白粉，用手抓勻。
2. 將菊花去萼，沖洗乾淨。
3. 在小碗內放入太白粉、白糖和水，用筷子攪勻，做成芡汁。
4. 將蔥和生薑分別切成細末。炒鍋內放入油，上火燒熱後離鍋，下入備好的雞絲，稍炒後加入蔥、薑末，上火翻炒約 20 秒鐘。然後倒入芡汁，炒約 2 秒鐘，待芡汁變白時撒入菊花，稍炒後立即起鍋裝盤。

這道菜趁熱食用味道最佳，涼後風味全無。
製作的時候一定要注意撒入菊花後稍炒就要立刻起鍋，否則菊香頓失，還會有異味，影響口感。

晚香玉羹

這道菜也是宮廷特有的花卉菜餚。雖然做法複雜，原料中出現的材料也不太常見，但民國以後還是傳入了上海，並在當地風靡。

晚香玉

食材

晚香玉（夜來香）100 克，**肥母雞** 1 隻（約 9 兩），**藕粉** 1 小碗，**乾竹筍** 100 克，**黑慈姑** 100 克，**蔥、生薑**各少許，**雞蛋** 4 個，**豬油** 1 小勺，**鹽**適量，**白糖** 1 小勺。

製作步驟

1. 晚香玉洗淨晾乾

2. 將雞去毛，掏去內臟，用刀剔下雞脯肉（約 200 克）備用。

3. 剩下的雞肉和雞骨放入鍋中，加半鍋水、生薑（1 片）、蔥（2 片），用小火燉。當鍋內的湯只剩一飯碗的量時取出雞，把湯倒在碗內，放入兩顆蛋白。用筷子攪勻，直至湯變清澈。

4. 剔去雞脯肉的皮、膜，將淨肉切成寬 1.5 公釐、長 3 公分的細絲，放入碗內，加藕粉，用手抓勻。

5. 將乾竹筍用開水泡 20 分鐘，然後切成寬 1.5 公釐、長 3 公分的細絲。

6. 把生薑切成細末，黑慈姑的皮去掉，洗淨後切成細末。

7. 蛋黃磕入碗內，加入藕粉（35 克）、白糖和水，用筷子攪勻。

8. 將豬油放入鍋中，上火化開後取出。鍋擦淨，倒入化開的豬油，燒熱後離火，投入雞絲，撥炒後再將鍋移到火上，投入生薑末，稍作翻炒放入竹筍絲，加入黑慈姑，翻炒均勻，撒入晚香玉，澆入雞湯藕粉，用勺攪勻，待汁濃時將羹盛入大碗內。

這道菜是一道名貴羹菜。製作的時候需要迅速俐落，特別是將晚香玉撒入鍋中後，要立即加入雞湯藕粉，否則花香飄散，特色全無。

炸玉春棒

花卉鮮果菜

用鮮花做菜，就像是一場遊戲，不能太過當真。但在宮廷中，卻有專門製作花卉菜的廚師。這些廚師，廚藝高超，據說能做近兩百種花卉菜。

食材

玉春棒（玉春，即玉椿，係白茶花）20 根，

雞蛋（只用蛋白）3 個，

太白粉 1 小碗，白糖 1 大勺，油 450 克。

製作步驟

1. 玉春棒洗淨，摘去萼與花心，操作要小心，注意保持花的形狀。

2. 將雞蛋磕入碗內，去掉蛋黃，加水（25 克）、白糖、太白粉（70 克），用筷子攪勻，做成雞蛋糊。

3. 大鍋內倒入油 450 克，油熱後用筷子夾住玉春棒，裹上蛋糊，依次下入油鍋中，炸至淺黃色時撈出，舖入盤內。

炸時若油過熱，玉春棒就容易焦。可將油鍋離火，待油溫降下後再上火。
這道菜雖然簡單，但有一點需要注意：玉春棒入油鍋炸時一定不能炸過頭，否則會出現苦味。

桃羹

宮廷裡的鮮果菜，基本都是在飯後食用，種類甚至多達數百種。仙桃羹是時令鮮果菜，與其他複雜的果品菜餚比起來，做法上比較簡單。

大桃

食材

大桃 4 個，**玫瑰滷** 20 克，
太白粉 小半碗，**白糖** 1 大勺，
豬油 100 克。

製作步驟

1. 大桃洗淨，去皮去核，放入碗內，用羹匙壓成泥。
2. 在小碗內放入太白粉（40 克）、白糖（35 克）和水，用筷子攪勻。
3. 將豬油放入鍋內，化開後取出。將湯勺刷洗乾淨，確保沒有異味，倒入化開的豬油，燒熱後離火，倒入配好的芡汁，再將湯勺上火，放入桃泥攪勻，炒至汁濃時立即出勺盛入碗內，澆上玫瑰滷。

這道菜冷吃熱吃均可。但要注意放入桃泥後，待汁濃後要立即起鍋。若起鍋遲了，就失去這道菜的風味了。

清蒸蓮子

這道菜雖然在民間很普遍，但因為乾蓮子不太常見，所以清蒸蓮子就成為很高級的菜餚了。蓮子富含營養，尤其適合老人食用，所以在宮廷中不僅經常用蓮子做菜，而且花樣也特別多。

花卉鮮果菜

蓮子

食材

乾蓮子約 400 克，冰糖 1 小碟，
白糖約 225 克，山楂糕少許，玫瑰滷 1 小勺，
太白粉 1 碗，豬油少許，水 2 杯。

製作步驟

1. 將乾蓮子洗淨，倒入小鍋內，加半鍋水用小火煮約 2 小時，待將蓮子煮爛時起鍋。
2. 將山楂糕用刀切成厚 3 公釐、長寬各 1.5 公分的薄片。
3. 冰糖放入鍋中，加水後將鍋上火，把冰糖化開。
4. 將豬油放入鍋中，上火化開。
5. 把化開的冰糖倒入大碗內，加入化開的豬油（20 克），放入蓮子，將碗上籠，蒸約 20 分鐘起鍋，立即撒上切好的山楂糕片，即可供膳。

這道菜最好趁熱吃，製作時要注意一定要將蓮子煮透。食用時加入玫瑰滷味道更佳。

銀絲卷

銀絲卷是中國特色傳統小吃，也是一種宴會點心，因製作方法精巧，薄薄的麵皮內包裹著麵絲（像銀絲）而得名，主要食用區域在京津地區。銀絲卷有多種吃法，除蒸食外還可烤至金黃色，或者將銀絲卷蒸好入油鍋炸後食用。

點　心

麵粉 500 克，**糖** 50 克，
酵母 5 克，
水 150 克。

製作步驟

1. 將發好的發酵麵團分成四塊，把其中的一塊再分成十塊，每塊用擀麵棍擀成厚 2 公釐、直徑為 9 公分的圓薄片。
2. 把剩下的三大塊麵團用擀麵棍擀成大薄片，用刀切成條，像「拉麵」那樣，用雙手將每根麵條拉細，揮上少許麵粉。
3. 圓薄片上刷上油，包入拉細的麵絲，即成銀絲卷。蒸熟可食。

此菜冷熱食之均可。

澄沙餡元宵

元宵是北京人在每年農曆正月十五晚上所吃的一種點心。在民間都如此普遍，更不必說宮廷了。每年臨近正月十五，北京的各家點心舖都賣元宵，有的家庭也會自己在家製作。宮廷裡的元宵依照慣例都是由御膳房製作的。元宵的品種與稱謂，全由餡心來定，比如「澄沙餡元宵」、「棗泥餡元宵」等。

紅豆

食材

紅豆 100 克，**清水** 200 克，
白糖 50 克，**糯米粉** 900 克，
太白粉少許。

製作步驟

1. 紅豆洗淨後放入鍋裡，加入兩倍於豆量的清水小火煮爛，倒入盆內，用擀麵棍將豆搗成泥。

2. 將淨豬油倒入擦亮的鍋內，上火燒熱後離火，倒入豆泥，用勺將豬油與豆泥攪勻，再放入白糖（50 克），攪勻後放涼。

3. 砧板上撒少許太白粉，把放涼的豆餡放到砧板上。搓成寬約 1.5 公分的長條，再用刀剁成 1.5 公分寬的餡段，把餡段放在盤子裡，放一天，讓它風乾變硬。

4. 把糯米粉（900 克）倒進木盆內，把餡段蘸上水，投進糯米粉盆內，然後雙手搖盆，使餡段滾上米粉，再蘸上水，雙手搖盆，再次滾上米粉，如此反覆五、六次，直至搖成直徑為 3 公分的元宵為止。

5. 大鍋內倒入水，用大火燒開，放入元宵，煮約 2 分鐘，水滾之後添入少許清水，開鍋後撈出。

在宮廷中，每人會分到一碗元宵，每碗盛五個元宵。

主要參考文獻

書

1. 愛新覺羅・浩:《食在宮廷》,生活・讀書・新知三聯書店,2012 年
2. 陳存仁:《銀元時代生活史》,廣西師範大學出版社,2007 年
3. 閻崇年:《大故宮》,長江文藝出版社,2012 年
4. 程子衿主編:《天子的食單》,故宮出版社,2016 年
5.（清）德齡:《慈禧后私生活實錄》,江蘇廣陵古籍刻印社,1998 年
6. 耿寶昌:《明清瓷器鑒定》,紫禁城出版社,1993 年
7. 侯會:《金粟儒林篇:從清代說部看士人生活》,中華書局,2017 年
8. 金易、沈義玲:《宮女談往錄》,紫禁城出版社,1992 年
9. 羅保平、張惠岐:《前門・大柵欄》,北京出版社,2006 年
10. 溥儀:《我的前半生》,群眾出版社,1964 年
11. 唐魯孫:《天下味》,廣西師範大學出版社,2013 年
12. 吳十洲:《乾隆一日》,山東畫報出版社,2006 年
13. 溫相:《帝國殺戮:宮廷鬥爭史》,東方出版社,2008 年
14.（清）吳振棫:《養吉齋叢錄》,中華書局,2005 年
15.（清）吳永口述,劉治襄筆記,李益波整理:《庚子西狩叢談》,中華書局,2009 年
16. 吳正格:《滿族食俗與清宮御膳》,遼寧科技出版社,1988 年
17. 徐廣源:《正說清朝十二后妃》,中華書局,2005 年
18. 向斯:《向斯說慈禧》,中國工人出版社,2010 年
19. 習驊:《中國歷史的教訓》,中信出版社,2015 年
20.（清）裕德齡:《慈禧私生活回憶錄:我在太后身邊的兩年》,哈爾濱出版社,2013 年
21. 苑洪琪:《中國的宮廷飲食》,商務印書館,1997 年
22. 趙爾巽主編:《清史稿》,中華書局,1998 年
23. 中國第一歷史檔案館編:《雍正朝漢文朱批奏摺匯編》,江蘇古籍出版社,1991 年
24. 中國名菜集錦編委會:《中國名菜集錦》,日本主婦之友出版社,1982 年

論文

1. 郭忠豪:〈權力的滋味:明清時期的鰣魚、鱘貢及賞賜文化〉,香港城市大學中國文化中心,載《九州學林》期刊,2013 年第 3 期,第 39-76 頁
2. 黃卉:〈同治光緒年間清宮演戲宮外觀眾考:以《翁同龢日記》為線索〉,載《北京大學學報〈哲學社會科學版〉》,2013 年第 4 期,第 113-122 頁
3. 鞠德源:〈清宮大宴禮儀和膳單〉,載《紫禁城》1981 年第 1 期,第 34-37 頁
4. 呂成龍:〈康熙五彩十二月花卉紋杯賞析〉,載《紫禁城》1994 年第 4 期,第 31-31 頁
5. 李文秀、穆崟臣:〈國內清代皇莊研究的回顧與展望〉,載《農業考古》2016 年第 3 期,第 125-129 頁
6. 陸燕貞:〈乾清宮皇帝家宴〉,載《紫禁城》1996 年第 2 期,第 39-40 頁
7. 劉志琴:〈150 年前,西餐來了〉,載《中華讀書報》2016 年 3 月 16 日第 5 版
8. 祁美琴:〈內務府高氏家族考〉,載《清史研究》2000 年第 2 期,第 108-114 頁
9. 萬紅:〈乾隆朝「新正茶宴」考釋〉,載《滿語研究》,2016 年第 2 期,第 137-144 頁
10. 王玲:〈乾隆母親五十壽辰「萬壽食譜」〉,載《紫禁城》2006 年第 3 期,第 62-65 頁
11. 王玲:〈清代宮廷茶事〉,載《紫禁城》1993 年第 5 期,第 3-4 頁
12. 楊新:〈《胤禛圍屏美人圖》探秘〉,載《故宮博物院院刊》2011 年第 2 期,第 6-22 頁
13. 沈義羚:〈慈禧太后西逃路上:一個貼身宮女的回憶（中）〉,載《春秋》1995 年第 6 期,14-17 頁
14. 舒拉:〈慈禧私廚西膳房〉,載《紫禁城》1982 年第 6 期,第 19-21 頁
15. 吳正格:〈清宮醬膳考略〉,載《揚州大學烹飪學報》2008 年第 1 期,第 15-21 頁
16. 狄祥華:〈宮廷菜點〉,載《科技與經濟畫報》1994 年第 2 期,第 23 頁
17. 童燕:〈清宮糕點模具〉,載《紫禁城》1987 年第 3 期,第 34-41 頁
18. 姚偉鈞:〈滿漢融合的清代宮廷飲食〉,載《中南民族學院學報 (哲學社會科學版)》1997 年第 1 期,第 65-69 頁
19. 倪方六:〈大清皇帝愛吃鴨〉,載《文史博覽》2012 年第 10 期,第 70 頁
20. 華國梁:〈清王朝的膳食官員〉,載《揚州大學烹飪學報》2001 年第 4 期,第 12-15 頁
21. 李國梁:〈避暑山莊御膳雜談〉,載《故宮博物院院刊》1988 年第 1 期,第 83-85 頁
22. 董瀟瀟:〈三份御膳底檔再現乾隆下揚州的飲食〉,載《檔案與建設》2014 年第 6 期,第 50-52 頁
23. 陳可冀、單士魁、周文泉、徐藝圃、江幼李:〈慈禧、光緒、珍妃、宣統脈案選論〉,載《中醫雜誌》1981 年第 7 期,第 4-7 頁
24. 周丹明、沙佩智:〈蘇州菜與清宮御膳〉,載《紫禁城》2015 年第 2 期,第 52-63 頁

感謝協助

特別鳴謝:紫禁書院

40-41 頁、73-75 頁　特別鳴謝:北京中國大飯店 夏宮中餐廳

82-83 頁　糕點提供:富華齋餑餑鋪